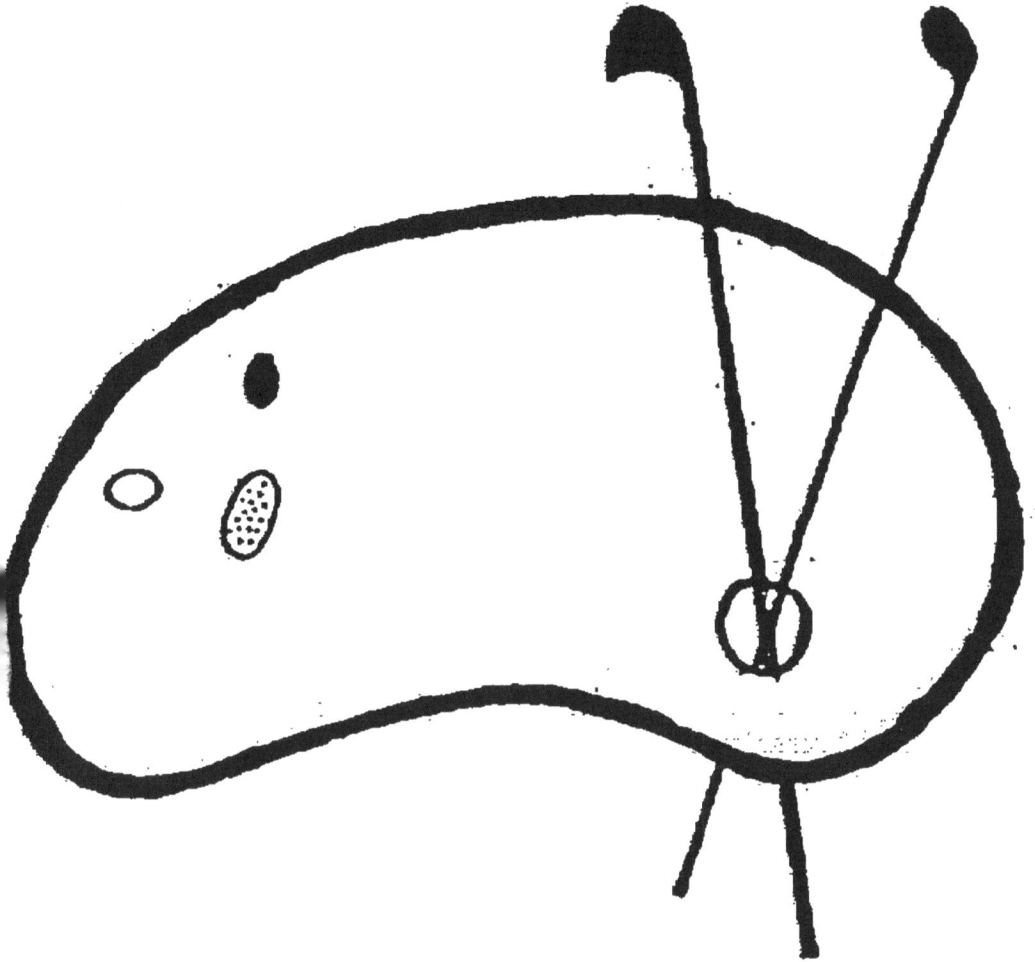

DEBUT D'UNE SERIE DE DOCUMENTS
EN COULEUR

PHILOSOPHIE DE LA NATURE

FUTUR CONTINGENT

DÉDIÉ AUX HOMMES DE SCIENCE

APOGÉE DES CHOSES

PAR

D. CONSTANTINESCO

PARIS

IMPRIMERIE JULES BOYER

11, RUE NEUVE-SAINT-AUGUSTIN, 11

1877

216.77. — Boulogne (Seine). — Imp. JULES BOYER.

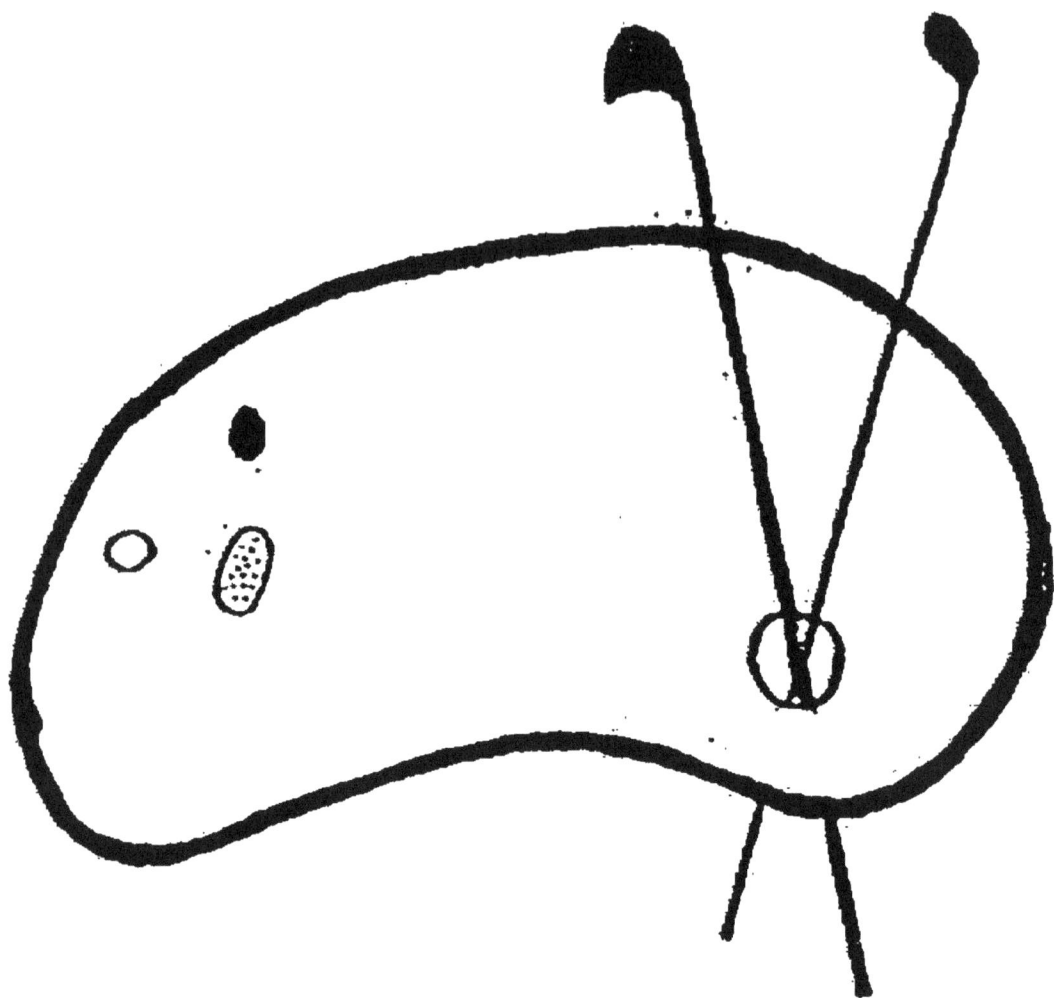

PHILOSOPHIE DE LA NATURE

FUTUR CONTINGENT

DÉDIÉ AUX HOMMES DE SCIENCE

APOGÉE DES CHOSES

PAR

D. CONSTANTINESCO

PARIS

IMPRIMERIE JULES BOYER

11, RUE NEUVE-SAINT-AUGUSTIN, 11

1877

OCCURRENCE

(Roumanie), Bucharest.

1. Le sublime de la philosophie consistant dans l'immatérialité des sujets qu'elle traite, son étude se simplifie dès son point de départ; c'est pourquoi plus le volume d'un livre philosophique diminue, plus les idées qu'il contient doivent exprimer d'intelligence.

Sans inspiration observée point de découvertes, on s'éloigne donc de quelques règles pour la suivre dans ses régions sublimes.

2. L'homme n'étant pas parfait, il en résulte que ses productions sont aussi im-

parfaites ; de là le combat éternel entre l'actualité et la routine, qui fut jadis actualité ; mais l'actualité deviendra routine dans l'avenir, aussi avons-nous le droit d'en fournir notre contingent.

Que l'avenir de la philosophie soit dorénavant autant que possible comme le passé, et le passé comme l'avenir, nous proposons le *système trinitaire* ; système existant partout comme la Divinité, principe unique quoique triple dans son complexe (1).

3. Une seule découverte (2), conduisant à une autre, ne suffirait-elle pas pour que cette œuvre originale appelle l'attention des hommes de science ? Avons-nous peut-être trop entrepris pour le siècle ?

D. CONSTANTINESCO,
Ex-sous-intendant militaire.

(1) Il explique la nature des choses qui le concernent sans pouvoir lui attribuer le panthéisme déguisé comme il est attribué au système de quelques philosophes, à cause de l'identification de la matière avec Dieu.

(2) « On doit aux hypothèses les plus belles découvertes.

LA DIVINITÉ

DE L'EXISTENCE DES CHOSES

L'existence, la réalité ou la stabilité d'une chose créée ou inventée, par exemple : un globe, un homme, l'abri d'un animal, la vie, la mort, un tableau, une institution quelconque, etc., ne représentent que l'intelligence étant d'accord avec la raison de l'existence d'une telle chose (1) ; aussi l'existence de l'Infini représente-t-elle encore de plus l'intelligence et la raison, par lesquelles existe l'Infini.

Comme l'Infini seul est éternellement stable, il en résulte que l'Infini c'est *Dieu* ou la Divinité, représentant l'*Intelligence* et la

---

(1) Entendement ayant l'assistance de la raison par lequel un être vivant, étant d'accord avec lui-même, produit ou non la chose voulue.

Raison suprêmes identifiées en Lui en raison
de sa nature divine. Voilà le système trinitaire : cause première de l'apparition de tout
ce que nous voyons, sentons en nous-mêmes,
inventons, etc. Ce système c'est le complexe
de l'Être divin, produisant pour ainsi dire ce
qu'Il veut ; comme le complexe de tout être
vivant, produisant ce qu'il peut. De là, l'assimilation de l'homme avec Dieu.

Nous croyons que la science humaine ne
peut obtenir un point de départ général aussi
juste que naturel pour l'*avenir* de l'Onto-
logie et de la Pneumatologie, la Providence
ou Prescience, étant la prévoyance divine,
n'est que Dieu ; car, en définitive, y a-t-il
pour l'existence divine une autre supposition,
plus pure, justifiée même par l'existence de
l'intelligence et de la raison humaine ? Nous
ne le croyons pas.

Il n'existe donc qu'un seul monde véritable, le monde métaphysique ou intellectuel,
les autres choses étant des phénomènes produits par ce monde divin. Exemple : une mai-
son, une horloge, une locomotive, un amuse-
ment quelconque, etc., ne sont que des
phénomènes produits par l'*intelligence* et la
raison humaine ; si de pareils effets existent
longtemps même après la mort de celui qui

les a produits, comment les causes leur ayant donné de la réalité n'existeraient-elles pas éternellement ? Les phénomènes tirant leur origine des atomes comme des soleils occasionnant accidentellement les uns aux autres des phénomènes, ou productions, deviennent à leur tour des causes; ce sont des causes occasionnelles. Dégageant l'intelligence et la raison de tout être vivant des causes occasionnelles, par exemple, du corps même de l'être, elles sont la Divinité par leur identité avec Elle.

DU COMMENCEMENT DE LA MATIÈRE

Comment tant de globes ont-ils apparu ? Il nous semble qu'il faut en chercher la cause matériellement, moyennant le mirage extrême de l'Infini.

Qu'une chose soit sans bornes, roulant ou se mouvant un peu même devant nous, il lui faut la rondeur parfaite — circonférence pleine de sa ligne — sans cela elle aurait certaines limites qui la tiendraient immobile.

L'Infini — circonférence aussi infinie qu'elle soit — a nécessairement son centre, comme point de départ pour l'existence de son rayon infini (1) ; plus un rayon s'écarte de son point de départ plus il s'amincit — l'expression manque — et va par attraction vers la réalité divine sans y arriver que jusqu'à un certain point, pour cause de limite nécessaire (2), moyennant la répulsion (3). Exemple : les rayons d'un corps ou d'un point lumineux n'existent pas chez lui, mais ils s'étendent vers celui qui le regarde, le rayon ou l'atmosphère de notre petit globe devenant si mince vers sa limite, etc. Or, ce point de départ du rayon de l'Infini supposant un atome ayant la force productrice pour cause de *manifestation* divine produisit des atomes (4) ; cet atome en face de l'Infini, étant comme immatériel, fut donc le mirage extrême de l'Infini tant métaphysique que physique. Voilà la matière existant dans l'immatérialité : en divisant *continuellement* un corps, il redevient

(1) La règle n'admettrait même pas que le centre de l'infini soit partout.

(2) L'illimité n'étant que Dieu.

(3) Comment les globes solaires se soutiennent-ils dans l'espace, si ce n'est par cette attraction et répulsion générales? Voir page 45 ; 2.

(4) La grandeur de Dieu étant, par opposition, plus en petit qu'en grand; la non-manifestation, étant l'improduction, aurait coïncidé avec le néant.

immatériel ; voilà aussi l'Espace, existant dans l'Infini relativement infini.

Les premières productions n'ayant pas où tomber se sont unies au pied de leur atome producteur, prenant nécessairement la forme ronde de l'Infini. Voilà le premier corps gravitant seul vers l'Infini et devenant accidentellement lithoïde, métallique, inflammable et volumineux (1) ; il nous semble que la cause de l'apparition de toute espèce de minéraux, gaz, fluides, etc., n'est que cette première vitesse inexprimable. Exemple : un aérolithe ou bolide s'enflamme en tombant, les vents se ramassent autour d'un corps mouvant, etc. De là les premiers globes, l'attraction, la répulsion, les différents soleils plus tard , et la pesanteur des corps avec l'insertion d'espaces particuliers (2).

Il est impossible que la matière n'ait pas eu un tel commencement ; autrement, il existerait deux Dieux ou Infinis, se limitant matériellement et immatériellement l'un l'autre,

----

(1) Par exemple, la valeur intrinsèque d'un arbre n'est qu'une poignée de cendres ou de terre.

(2) La *cosmographie* enseigne qu'il y a des étoiles que l'on n'a pas revues ; donc, ce qui a une fin a eu un commencement.

ce qui n'existe pas à cause de la *toute-puissance*.

Le commencement de la matière étant donc dans le non-commencement de l'immatérialité démontre la première époque divine où Dieu, se manifestant, dégagea le centre de l'Infini du point de départ de la matière pour se dégager Lui-même de cette matière immatérielle — l'expression manque encore; — c'est ainsi que la matière put devenir visible, formidable et variée, par opposition au monde métaphysique; c'est l'époque de la création, justifiée par l'existence des atomes. De là la petitesse d'un corps à son apparition, son apogée et son déclin, pour disparaître ensuite de l'état phénoménal où il devait faire une ronde quelconque manifestant Dieu à sa façon.

DE LA RÉALITÉ PARTICULIÈRE

1. La Divinité s'allie déductivement avec ses phénomènes ou productions, les mondes physiques, pour cause de *mouvement* contenant l'*agitation* (1) et la *fécondité* ou activité, sans

(1) Mouvement irrégulier, rebelle. Par phénomènes ou productions, nous comprenons aussi des effets ou conséquences.

lequel Elle eût été particulièrement inconnue ; mais cette déduction étant l'*opposé* de la *stabilité*, il en est résulté la *variation;* c'est la perfectibilité ou la progression ramenant les choses à des apogées particuliers pour cause d'*équité* divine, seul attribut que la science future pourrait appliquer à Dieu (1). De là l'espérance, la perfection future, le beau, la récompense, etc., ayant pour opposés le désespoir, l'imperfection actuelle, le laid, la punition, etc. Mais cette variation ou progression n'est que l'intervalle, entre la déduction et l'induction divine, par lequel la chose, détachée de l'apogée général, obtient sa *réalité* particulière, comme terme moyen entre son passé et son avenir. De là le provisoire de toute chose matérielle, et le beau de la variation jusqu'au suicide ; de là encore, par opposition, que le beau divin ou immatériel existe dans la stabilité, et non dans la variation comme le beau matériel ou passager (2).

(1) Stabilité, variation, équité métaphysiq ; or, la morale est un phénomène s coudant l'équité matérielle et immatérielle.

(2) On objectera peut-être qu'il n'existe rien, et que la vue et l'ouïe produisent l'existence de ce qu'on croit exister ; à cette objection, répond l'existence de **la sensibilité et du mouvement.**

2. Des êtres de forme et de structure différentes s'entretenant sur tout globe, il en est résulté que sur ces êtres s'entretiennent aussi des êtres différents.

Un être vivant ne peut vivre sans posséder intérieurement certains espaces ou cavités qui, limités par son corps, constituent une propriété de lui-même pour pouvoir exister avec lui en tout lieu; de là il résulte qu'il n'a de réalité que parce qu'il occupe ainsi une partie infime de la réalité éternelle de l'Espace, avec lequel il est en communication permanente et sans lequel point de place pour un atome même; cette occupation plus ou moins provisoire pose son *temps* ou sa durée particulière, comme pour toute chose, ainsi pour lui le temps n'est que sa mémoire disparaissant avec lui. Or, le temps est l'effet des espaces particuliers; mais l'Espace général est une propriété de Dieu partout justifiée par la propriété de l'être le plus microscopique (1). Ces hypothèses conduisent à l'idée que, le foyer ou la réalité particulière de Dieu serait à l'infini du tour de l'Espace (2).

(1) La *théodicée* n'admet pas que l'Espace soit une propriété de Dieu, on voit donc qu'elle est dans l'erreur; d'ailleurs, comment admettrait-elle l'existence de Dieu partout dans le même moment?

(2) La *cosmographie* nous apprend que l'année de

Dieu n'a donc pas renoncé à sa réalité, à cause de l'équité, pour s'identifier la matière (1); celle-ci n'est pas même identifiée avec l'Espace, à cause d'un mouvement quelconque.

3. La *Terre* étant la troisième planète après *Mercure* et *Vénus* comme globe non incandescent, il résulte d'après le système trinitaire que, sauf d'autres êtres, l'homme ne commence que de la Terre ; la connaissance de ce qu'on appelle le « moi » n'existant pas précédemment justifie cette hypothèse. D'ailleurs, la religion l'a aussi admise à l'occasion du Christ.

4. Remarquez, je vous prie, jusqu'où existe le système trinitaire.

Exemples pour l'opposé : le *Christ* et les *apôtres*, puis la *trahison; l'incrédulité* touchant la résurrection et la *crédulité* produisant sa *doc-*

Mercure est de 5 mois environ, chez *Vénus* de 7 mois et demi, chez *Uranus* de 84 ans , chez *Neptune* de 166.......; ainsi donc nos pensées étant justifiées pourraient amener la cessation du débat sur le Temps, l'Espace et l'Infini ou Dieu. Regardant l'Espace, il semble qu'il n'y a que son milieu qui soit occupé par la matière ou globes.

(1) Qu'on ne s'étonne donc pas de l'idôlatrie.

trine. — La *Terre*, sa *fécondité* sublime et les *cataclysmes* qui la détruisent en partie ou en totalité, etc.

Exemples pour la stabilité: La *chaleur* existe par la *lumière* et le *combustible*; l'*eau* par l'*oxygène* et l'*hydrogène*. — La *Terre* existe entre *Vénus* et *Mars*, etc.

Exemples pour la variation : Les règnes *minéral*, *végétal* et *animal*, contenant chacun une infinité d'espèces. — La *volonté* et le *mouvement* d'un être vivant produisant toute sorte d'*actions*, etc.

On peut descendre bien bas ; mais, quand le système trinitaire est aussi manifesté par la voix divine du Christ disant : « Où deux hommes seront unis en mon nom, je serai au milieu d'eux, » on a plus d'une *sanction*. — Si entre deux ou plusieurs *hommes* le Christ n'est pas, c'est l'*intérêt* qui les dirige en bien ou en mal.

L'INFINI PHYSIQUE

DE L'APPARITION ACTUELLE DES GLOBES

1. La quantité des globes gravitant dans chaque univers solaire (1), ressemble à celle de plusieurs circonférences se trouvant limitées dans une plus grande, l'espace d'un univers — circonférence générale — est donc établi systématiquement ; mais les espaces occasionnés extérieurement par plusieurs univers, alliés ou non, sont accidentellement irréguliers ; ce sont des espèces de carrés et de triangles, formés de courbes qui ne leur sont pas propres ; par conséquent, dès l'apparition des trois ou quatre univers, un globe a pu d'abord s'y former et ainsi de suite (2). Actuel-

·(1) Nous supposons autant d'univers que de soleils.
(2) La *cosmographie* nous apprend qu'il y a plus de trois mille étoiles doubles, donc, elles furent une fois

lement les univers avanceraient et reculeraient dans l'Espace général avec tout ce qu'ils contiennent, comme le flux et le reflux des mers, à cause de l'apparition et de la disparition des globes de différentes grandeurs ; cela doit contribuer à l'inflammation et l'extinction des volcans, et à quelques légers tremblements de globes.

Parmi les points neutres des univers et des globes il existe des vides plus ou moins larges en lignes droites parallèles et perpendiculaires, tant que ces lignes ne sont pas arrêtées par les triangles que nous avons supposés plus haut ; dès qu'elles le sont elles forment des zigzags parmi les univers confondant avec elles les coins des triangles, vu que ces coins sont indépendants de l'atmosphère ou du rayon de la planète locale ; ces lignes et zigzags sont donc les *voies* appartenant aux comètes et aux aérolithes ou bolides, formés de l'accumulation provenant réciproquement de différents globes. De là les différentes formes de voies lactées.

Une partie des aérolithes planant dans les

isolées. Enseignant encore qu'il y a des planètes tellement petites qu'elles n'ont été visibles que dans ces derniers temps, à l'aide du télescope, elle justifie nos pensées.

voies faute d'attraction, il se produit un amalgame par la rencontre, ce sont des petites
comètes sans noyau particulier; si celles-ci ne
sont non plus attirées par quelque globe plus
fort elles s'agrandissent par l'amalgame avec
d'autres aérolithes qui, refoulés dans les
voies, tendaient aussi à tomber par attraction;
ainsi n'étant plus attirées à cause du volume
et de l'équilibre elles planent définitivement
dans les voies parmi les univers, développant
un noyau susceptible de production végétale
et animale. De là le commencement des êtres
vivants, seconde époque divine chez tout
globe.

2. Les comètes qui se présentent encore,
périodiquement, tendent comme les nouvelles
vers la ligne droite dans la direction où elles
pourraient tomber comme toute autre chose
imparfaite; mais la répulsion de tous côtés et
l'attraction solaire jusqu'au point nommé pé-
rihélie, les soutenant dans l'Espace, modifient leur mouvement en un long circuit ovale
dans les voies et les espaces accidentels se
trouvant vides (1); cette modification sortie

_____

(1) La *cosmographie* enseignant que les mouvements
propres des comètes sont très-irréguliers, justifie
encore notre manière de voir.

de la ligne droite comme perfection les **rap-proche graduellement** du mouvement circulaire au fur et à mesure qu'elles deviennent globes réguliers, à la suite d'une révolution géologique du soleil local.

3. Les espaces accidentels ainsi que les voies sont illuminés accidentellement par les reflets des lumières provenant de différents globes, ces globes mêmes sont soumis à des reflets semblables à cause de l'éloignement : quand les uns sont plongés dans l'obscurité, d'autres sont éclairés, ils ont le jour et la nuit sur leur corps même ; lorsque les uns ont éclipse de soleil, les autres l'ont des satellites ou d'autres planètes, etc. De là les couleurs de différentes étoiles, la disparition et la réapparition d'une même étoile à laquelle s'ajoutent les divers mouvements, enfin le *voile* de certains globes nommés nébuleux.

DE LA DISPARITION ACTUELLE DES GLOBES

De même que certains globes apparaissent, de même d'autres disparaissent, par suite du décroissement successif de quelques éléments qui gonflent accidentellement leur volume ; décroissement qui les rend susceptibles d'être attirés par d'autres, à la première révolution géologique du soleil. Les globes solaires, par de telles révolutions, obtiennent à leur formation plusieurs atmosphères d'abord sous forme d'anneaux.

« Les observations des géologues ont démontré que la Terre — par exemple — n'était arrivée à son état actuel qu'après avoir subi, pendant un temps incalculable, de nombreuses révolutions dont les traces sont visibles partout. Trois principaux systèmes physiques ont été proposés pour expliquer ces révolutions : les *Hydrogéens* font jouer le plus grand rôle à l'eau ; les **Pyrogéens** supposent que la Terre a été originairement en combustion et semblable au soleil, et que, cette combustion ayant cessé, le globe s'est refroidi peu à peu ; parmi ceux-ci, quelques-uns, Buffon entre autres, prétendent que le globe est formé d'un fragment de soleil détaché de cet astre par le choc d'un astre quelconque et lancé dans l'espace (1). »

Nous croyons que la Terre a été jadis un soleil formé par des aérolithes, mais, comme toute chose, avant d'arriver à l'état d'actualité, a dû subir différentes révolutions ; car

(1) On dit que ce fait est indiscutable. Erreur.

autrement, comment tant de milliers de globes se seraient-ils formés ?

« Les *Atmogéens*, à la tête desquels sont Laplace et Herschell, supposent que l'atmosphère du soleil, en vertu d'une chaleur excessive, se serait étendue au delà des orbes de toutes les planètes et s'y serait resserrée successivement jusqu'à ses limites actuelles ; les planètes auraient été formées aux limites successives de cette atmosphère, par la condensation des gaz qu'elle aurait abandonnés dans le plan de son équateur, en se refroidissant, et se condensant à la surface de l'astre ; ces gaz refroidis auraient formé de petits globes qui se seraient unis les uns aux autres. »

L'atmosphère du soleil actuel était donc au moins triple pour s'étendre si loin, mais ces petits globes pouvaient-ils se produire ainsi ? Non, à moins qu'ils ne fussent des aérolithes et des petites comètes arrivant de tous côtés par suite d'une attraction exceptionnelle.

« Tout tend à prouver que la terre a été d'abord incandescente et qu'elle s'est refroidie graduellement (1). »

Notre soleil, ayant à présent deux atmosphères, ne s'éteindra-t-il pas ? Que signi-

(1) Extrait du *Dictionnaire universel*, M. N. Bouillet.

fient « les **trois anneaux concentriques,
larges, plats et très-minces de** *Saturne*, et
qui n'adhèrent point à lui, » si ce n'est qu'ils
deviendront graduellement trois atmosphères
pour éteindre le soleil actuel ? Quel but ont
les huit satellites en face du privilége de
ces anneaux, si ce n'est qu'ils deviendront un
Mercure, une *Vénus*, une *Terre*, un *Mars*, etc.,
à la première révolution géologique du soleil
se condensant actuellement ?

Ne serait ce pas ensuite le tour d'*Uranus*
ayant autant de satellites, d'abord, sans
anneaux ? Quel but a le mouvement de quelques-uns de ces satellites « contrairement à
la loi générale des planètes » — comme appa-
reils — si ce n'est plus tard la formation des
anneaux ?

Pourquoi le zodiaque rétrograde-t-il ?

Où sont les étoiles appelées temporaires que
« l'on n'a pas revues et surtout celle de 1572
qui, aussi brillante alors que *Sirius*, visible
en plein midi, diminua d'éclat et disparut
entièrement en mars 1574 › après une apogée
d'action révolutionnaire d'environ deux ans ?

Il en serait donc comme nous l'avons démontré **de l'apparition** et de la disparition
des **globes, moyennant** des milliards d'an-
nées qui ne sont rien pour l'Infini.

CONCLUSION

1. Or, *l'apogée* véritable des choses matérielles n'existerait pas dans le volume d'un
soleil, mais là où se rencontre l'ex-atome —
plus tard aérolithe — avec l'ex-soleil pour
cause de *variation* résultant comme équité de
l'opposé de la *stabilité*. Le satellite de notre
globe même est en quelque sorte une pièce
justificative provisoire, représentant périodiquement cet atome et cet apogée.

2. Si l'équité divine est nécessairement
étendue jusqu'à l'*être* matériel en lui donnant
même le mouvement comme compensation,
moyennant l'*attraction* et la *répulsion* pour ne
pas se heurter, où est donc aussi l'apogée de
l'être intelligent dont le corps, si faible jusqu'à l'extrémité, dénonce une compensation
de revanche ? Nous la verrons graduellement
à *l'Infini métaphysique.*

3. Les positions des globes, les éloigne-
ments incommensurables, les mouvements,
les apparitions et les disparitions, l'aberration
de la lumière, etc., défient la science et le
télescope lui-même.

DE NOTRE MONDE

LES RAPPORTS DE LA TERRE

La *Terre* présente trois différents rapports : le rapport entre la Terre et son univers solaire représentant sa révolution annuelle et sa rotation diurne, tant que le soleil existera, c'est le *mouvement.* Le rapport entre les éléments constitutifs de la Terre représentant leur accroissement et leur décroissement moyennant l'effet des rapports accidentels et la voie de juxtaposition, tant intérieurement qu'extérieurement, c'est l'*agitation.* Le rapport entre les êtres végétants et vivants représente l'apparition et la disparition particulières de ces êtres, c'est la *fécondité* ou activité ; mais ce dernier rapport est pour ainsi dire en dehors des deux autres, pour cause d'intelligence (1).

Or, la *Terre* représentant le *mouvement* et l'*agitation* est le complexe de son existence ; ce complexe démontre, en général, le système trinitaire de la création.

DES AÉROLITHES

Les aérolithes ou bolides, nommés étoiles filantes ou météores, qui tombent continuellement, entretiennent les parties de la Terre altérées de leurs substances primitives et constituantes ; les aérolithes se formant des gaz, des fluides et de poussières de toute espèce, en rapport de la force du globe, sont donc l'extrait d'un globe contenant en atomes tous ces éléments; cette hypothèse est aussi justifiée par le fait qu'un noyau, par exemple, contient un arbre complet, le germe d'un animal contient un être sublime, etc. Souvent les aérolithes sont repoussés dans les voies à l'état fluide, devenant pour ainsi

(1) Voir *De la ecmbinaison de l'être vivant avec les causes premières*, 2.

dire projectiles en tombant ailleurs par attraction ; par exemple l'accumulation des nuages, puis les gouttes de pluie tombant ailleurs ; s'ils ne sont pas attirés, ils errent dans les voies, comme les nuages dans leur atmosphère ; lorsqu'ils s'amalgament périodiquement par la rencontre avec ceux d'un autre globe, ils donnent le spectacle d'un feu d'artifice, du côté visible ; les fracas ne sont pas toujours entendus, à cause de l'éloignement ; on ne les voit traversant le ciel que du nord-est au sud-ouest à cause de la situation du soleil, et seulement quand ils s'enflamment par l'attraction du globe. La foudre n'est qu'une espèce de petit aérolithe intérieur.

La *cosmographie* enseigne que « les aérolithes sont souvent accompagnés d'aurore boréale, » mais ,l'aurore boréale étant un « phénomène intimement lié à la cause du magnétisme terrestre, » il y a apparence qu'ils sont accompagnés de certaine vapeur en guise de nuages lumineux, la nuit.

Si ces projectiles proviennent des globes voisins par les jets volcaniques, ne fût-ce que de leurs satellites, — par exemple le nôtre, — alors cette variation de pesanteur sur le même globe, comme sur un navire, dénonce deux vérités opposées : 1° la longueur

du rayon ou de l'atmosphère d'un globe n'est
pas suffisante pour contenir cette accumulation
lithoïde (1), ainsi elle est jetée ailleurs, autre navire; 2° l'autre globe repoussant à son tour une
accumulation provenant sans cesse d'un autre
globe, accumulation qui lui occasionnerait
irrégulièrement une rupture d'équilibre. Ainsi
donc les aérolithes non attirés se maintenant
dans les voies, comme les choses jetées d'un
ballon, produisent les comètes par leur amalgame successif.

De ce qui précède on voit que la longueur
du rayon d'un globe est à dessein créée insuf-
fisante, afin que les globes soient les uns et les
autres en communication *minéralisatrice*. De
là l'accroissement et le décroissement de
certains éléments, sans cela point de nuages
même. D'ailleurs, que signifient les blocs mé-
talliques tombant sans s'enflammer si ce n'est
cette minéralisation? Les évolutions de ces
météores, existant par opposition à la pluie,
ne sont pas seulement auprès du soleil; car
ils ne seraient attirés que par lui, et inconnus,
chez d'autres globes (2).

(1) L'accumulation existe même auprès d'un objet.

(2) Il y a apparence que la Terre s'est amoindrie,
vu que les êtres étaient jadis plus corpulents.

DU NON-ÉQUILIBRE

1. L'équilibre d'un globe est soutenu par son mouvement ; le mouvement produisant l'accroissement et le décroissement des éléments, c'est-à-dire l'agitation, le non-équilibre en est la conséquence pour cause de *variation*. De là, ce qu'on appelle loi de gravité, sans laquelle les lithoïdes, les liquides, les gaz, etc. se sépareraient les uns des autres ; pour s'affecter ailleurs ; de là, surtout, la force majeure intérieure ou extérieure par laquelle la réalité particulière d'une chose est enlevée, pour cause d'induction à l'apogée ; autrement, l'univers ressemblerait à un tombeau.

Les aérolithes étant la cause de la formation d'un globe, sont aussi la cause de son développement et de son amoindrissement ; leur chute ou attraction continuelle agrandit successivement son volume, et lui fournit plus d'une atmosphère ; la rareté, puis la cessation de cette chute, produisent successivement un amoindrissement d'atmosphère et de volume, c'est comme un feu non alimenté ; aussi à l'extinction solaire s'affecte-t-il à un globe voisin sous la forme d'un grand aérolithe ou comète, mais pour un laps de temps il se suffit à lui seul; autrement, l'existence des aérolithes serait inexplicable. De là la différence entre le volume des sphères, entre leurs révolutions annuelles et leurs rotations diurnes; de là aussi, la **différence** entre les êtres du passé et du **présent** d'un globe.

Quelques savants ont même calculé la durée de la Terre, et annoncé qu'elle était dans son dernier quartenaire. Que deviendra donc la Terre? l'un des deux : si le non-équilibre dépend de la force majeure intérieure, un cataclysme quelconque modifiera même en totalité les choses actuelles ; puis, au bout de quelque temps, d'autres choses se produiront en relation avec les premières. Si le non-équilibre dépend de la force majeure extérieure, la *Terre* sera affectée à *Mars* par exemple, ou *Vénus* à la *Terre*.

Le manque de mouvement se produit insensiblement, comme l'extinction solaire ; s'il est exact que les globes ou une partie des globes de notre univers soient aplatis aux pôles, c'est l'action déjà commencée. La Terre obtiendra donc peu à peu des bornes contre sa rondeur, qui lui occasionneront un mouvement oval tendant vers la ligne droite, puis le mouvement tombant en ligne oblique ou droite.

2. L'intervalle entre l'ancien et le nouveau soleil serait compris, ainsi que les planètes locales, dans l'atmosphère extérieure du nouveau soleil. Telle est l'époque qui peut convenir à la supposition faite par les *Almogéens* : « L'atmosphère du soleil, en vertu d'une chaleur excessive, se serait étendue au delà des orbes de toutes les planètes et s'y serait resserrée successivement jusqu'à ses limites actuelles. »

L'atmosphère extérieure de l'ancien soleil ainsi que les éléments solaires de son globe étant attirés par le nouveau soleil (1), il en résultera que quelques planètes seront complétement privées de chaleur, tandis que d'autres seront dans un état de combustion extrème; ainsi leurs éléments étant réduits et pétrifiés par le froid ou la chaleur extrème, les uns s'affectent aux autres; leur mouvement, ainsi que celui du soleil éteint, sera dirigé vers le nouveau soleil.

---

(1) Attraction justifiée par l'existence du magnétisme de différentes forces, et par la vitesse même.

Après la fin de cette révolution solaire les
comètes, les satellites et les autres planètes,
apparaîtront dans une position toute nouvelle
pour une durée qui, paraissant éternelle,
mystifiera la science de l'avenir.

Il est à remarquer que l'*obscurité* et le *froid*
n'ont pas une cause propre comme la *lumière*
et la *chaleur*, dont la cause effective est le soleil visible ; voilà une conséquence sans cause
directe, ô logique humaine ! Il en résulte donc
que la lumière, l'obscurité, la chaleur et le
froid, quoique choses immatérielles ou sen-
sibles, ne sont que des phénomènes produits
par les mondes physiques (1) ; la lumière ou
la vie métaphysique existant invisiblement au
delà de toutes ces choses, que la Divinité est
loin ! Le terme moyen, l'actualité, constituant
le troisième terme entre ces deux températures opposées, il en résulte encore, d'après
le système trinitaire, que, dans l'obscurité, le
froid, la lumière et la chaleur, il y a des êtres
vivants justifiés par l'existence de ceux du
milieu, mais d'une nature toute différente.

On a objecté que « le ciel ne peut devenir
terre, la terre eau, l'eau feu, etc., » pour limiter la force divine ou pour en déduire la

_____

(1) L'homme même combine de telles choses.

fatalité; mais le ciel est une espèce d'espace, et les éléments provenant du premier atome et contenant les uns le produit des autres, ne représentent définitivement ni l'état actuel ni celui de l'avenir. D'ailleurs, l'intelligence de l'être trépassé étant au-dessus de toute matière est hors de telles révolutions.

3. Les habitants des différentes planètes, disposant de moyens scientifiques peut-être plus puissants que nos télescopes par exemple, voient l'apparition ou la disparition des planètes d'après la situation de leur univers; du moins comme on a vu chez nous l'astre disparaître de 1572 à 1574, ainsi que les planètes nommées temporaires qu'on n'a plus revues. Les planètes étant éclipsées d'avance, c'est-à-dire dès le moment que l'atmosphère de l'ancien soleil diminue effectivement et celle du nouveau s'étend, disparaissent dès ce moment à la vue.

La disparition des êtres vivants n'est pas plus désespérante que celle provenant d'un cataclysme intérieur, au contraire, elle se réalise insensiblement comme le froid ou la chaleur extrême. Après un laps de temps, de nouvelles formes des êtres vivants apparaissent; ces formes sont conservées autant que

le nouveau soleil existera; mais les cataclysmes intérieurs les modifient en quelque
sorte, vu qu'ils sont en rapport avec le soleil
qui les produit.

DU COMMENCEMENT MATÉRIEL DES ÊTRES VIVANTS

1. Le règne *animal* n'a pu exister sans une
nourriture essentiellement primitive, nourriture qui n'a pu être que le règne *végétal,* comme
une mère qui se montre même aujourd'hui;
si le règne végétal disparaissait, les herbi-
vores et les carnivores disparaîtraient aussi.
Or, les *êtres vivants* sont produits matériellement par le règne végétal, et celui-ci par le
règne minéral ou terre; c'était l'état comé-
taire de la Terre, d'abord lithoïde.

Ces petits animaux, d'une variété innom-
brable d'espèces et de nature, comme les végétaux, n'ont pu être que ces insectes et am-
phibies qui se produisent d'eux-mêmes et
vivent sur les corps des végétaux sous toutes
les températures et en tous lieux. Leur nourriture étant la même partout, ils étaient
maîtres de leur vie; aussi se sont-ils propagés,
en raison de leur nature; mais se détachant
souvent de leurs végétaux en se mouvant et

en volant de côté et d'autre, ils se sont ren-
contrés. Telle est la cause des accouplements
tant par coïncidence de races que par surprise, dont nous sommes même témoins aujourd'hui.

Les nouvelles races produisant des races
étrangères à la race primitive presque végétale, sont devenues insectivores contrairement aux races précédentes, puis carnivores (1). De là les ovipares, les vivipares et
plus tard, l'agrandissement de leurs corps.

Si nous ajoutons à tout cela la suite des
siècles et les révolutions géologiques qui ont
modifié les animaux aquatiques qui peuvent
vivre sur terre, et *vice versa*, on aura un mé-
lange de races jusqu'à l'apparition, en petit
nombre, d'hommes vivant plus tard en tribus
moyennant les enfants et restant dans les
contrées qui les ont produits, d'abord sans
besoin d'abri; tout ceci, à cause de la progression.

2. Les hommes primitifs étaient donc les
hommes des bois, — aujourd'hui orangs-ou-

(1) On vient de découvrir « des plantes carnivores; »
ceci vient à l'appui de notre dire; l'avenir approuvera
peut-être, plus que nous ne le pensons, l'originalité
de notre livre.

tangs, — se propageant par des hommes natu-
rellement plus intelligents que les autres ; les
rapports provenant de leurs invasions, même
d'un continent à l'autre, causées par le
besoin de vivre, puis les expériences résultant
de ces espèces d'invasions, ont beaucoup
contribué à la civilisation primitive.

Des cataclysmes ayant occasionné des di-
minutions chez les hommes primitifs, surtout
faute d'arts et de sciences, des intervalles
séculaires couvrent l'inconnu de cette origine
de l'homme actuel ; mais les tribus progres-
sant des sauvages existent encore, pour justi-
fier nos hypothèses.

Qu'on ne s'étonne donc pas concernant les
hommes actuels des bois, et même pour les
bohémiens errants : ce sont des échappés
des cataclysmes, habitant plus ou moins dans
les forêts, pour cause d'abri et de vivres ; ceux
qui y sont restés s'éteignent, ne pouvant plus
sortir, à cause de l'homme actuel, du même
local. Par une compensation divine, leur
situation ne leur en fait pas désirer une
autre; aussi défendent-ils leurs résidences pro-
ductives d'elles-mêmes, leur intelligence est
assez connue. La couleur actuelle des hommes
ainsi que leur forme ayant pour cause des
climats différents, le manque de queue aux

orangs-outangs ainsi que le plaisir qu'éprou-
vent quelques sauvages à en porter une,
provenant de dépouilles d'animaux dont ils se
couvrent, etc., justifiant l'état précédent de
l'homme, justifie aussi par rétrogradation jusqu'à l'insecte primitif notre manière de
voir (1).

On nous a enseigné que Dieu a créé l'homme
avec de la terre, et que le reste des êtres vivants n'a été produit que par sa simple volonté
divine ; cette idée, malgré son but orgueil-
leux, ne place-t-elle pas l'homme au-dessous
de l'animal? L'homme représentant la boue
et la bête la pure volonté divine, n'est-ce pas
paradoxal? Une entente plus prompte qu'on
ne le pense, se produira donc entre l'Église
et l'Académie, au moyen des prêtres éclairés.

L'homme tend intérieurement à un état
futur plus heureux, il en est de même chez
les animaux. L'Intelligence suprême étant la
même pour un atome que pour un soleil,
son but divin n'est que l'équité pour tout
être.

Qui donc ne se contemplerait pas avec

---

(1) L'habillement ayant fait disparaître le *poil* primitif du corps — regretté du pauvre — justifie ce que
nous avons démontré concernant l'expérience, page
57: 2.

orgueil en pensant qu'il est le produit origi-
naire d'un végétal se créant de lui-même? Qui
ne serait pas heureux en pensant qu'il est
arrivé à la connaissance de sa production
divine comme l'enfant de sa production
physique, et qu'il arrivera comme elle à con-
naître le secret de sa production?

Disons donc comme Bossuet avec David :
« ô Seigneur ! j'ai tiré de moi une mer-
veilleuse connaissance de ce que vous
êtes. »

3. La transformation individuelle qu'on appelle la mort, si abhorrée, est compensée par le
plaisir des deux sexes, qui leur rend la vie heu-
reuse en attendant une autre position ; d'autre
part elle est compensée par l'oubli même en
face d'un cadavre, hormis les bravades volon-
taires ; la peur se manifeste quand cette transformation est individuellement sentie, mais
elle ne dure pas dès que la mort est là ; les
assistants sont plus effrayés que le moribond.
Nous verrons plus loin ce que c'est que la
mort.

De ce plaisir et de cet oubli, aussi proches
qu'éloignés, est résulté l'union des deux sexes ;
puis la société au moyen de la progéniture.
ensuite le désir secret de plaire à tout âge,

la perfection du maintien, les rapports avec d'autres sociétés, etc. De là les *gentes*, ou les nations.

Dans la société humaine, ces relations nommées rapports, sont réglées par des lois dites positives, ces lois sont positives autant qu'elles sont observées ; l'*opposé* étant une vérité première, leur stabilité devient provisoire, pour cause de perfectibilité (1) ; les lois étant souvent exploitées au profit particulier, moyennant la science et l'expérience, il en résulte que cette exploitation hâte la perfectibilité générale. De là, le combat entre la routine et l'actualité.

Les êtres vivants et végétants se divisent en trois classes générales, intelligents en rapport de leur nature :

L'homme, doué de la raison ; le reste des êtres vivants doués plus ou moins du raisonnement, l'instinct de conservation étant un phénomène général ; les végétaux doués de ce mouvement mystérieux par lequel ils s'affectent l'espace, comme tout être vivipare (2).

Il n'y a que ces êtres qui subissent cette

(1) La perfection n'étant que la Divinité.
(2) Après qu'on a marché sur les végétaux, ils se redressent de nouveau.

transformation , vu que l'intelligence doit abandonner le corps. De là la mort, par le maintien de l'espèce ; de là encore la nourriture d'un être, jusqu'à dévorer l'autre (1), et son équipement.

L'INFINI MÉTAPHYSIQUE

L'AME

L'invention de la parole a produit l'abondance des mots, surtout en quelques circonstances ; comme les paroles ne sont que l'expression des idées, il fallut nécessairement chercher un sujet idéal assumant à l'individu la responsabilité intellectuelle ou métaphysique ; l'homme respirant comme tout être vivant, on a nommé ce sujet *âme,* à l'exclusion des autres êtres vivant ou respirant.

(1) La nourriture du végétal étant la succion.

En philosophie on est allé jusqu'à dire que « la conscience est l'âme elle-même prenant connaissance de son existence, etc., » ce qui revient à ne rien dire : car dès lors, ou l'âme ou la conscience n'existe pas ; raisonnons donc un peu, car dans de pareilles circonstances il faut être précis ; voyons d'abord ce qu'est l'âme devant la science qui l'a présentée.

« Pythagore et Anaxagore paraissent être les premiers qui aient formulé philosophiquement la distinction de l'âme et du corps ; recueilli par Platon et par Aristote, le dogme de la spiritualité a été pour ainsi dire constitué et établi sur des bases solides par les néoplatoniciens ; adopté par les Pères de l'Église, il entra dans l'enseignement officiel des scolastiques. Descartes plaça l'essence de l'âme dans la pensée, comme celle du corps dans l'étendue ; Leibnitz, sortant de l'abstraction dans laquelle était resté Descartes, donna pour *substratum* à la pensée la *monade*, être simple, essentiellement actif et sensible.

« Non contents de distinguer l'âme du corps, nos philosophes se sont demandé : 1° comment l'âme communique avec le corps ; 2° où elle réside ; 3° quand elle s'est unie au corps ; 4° ce qu'elle devient à la mort ; 5° si l'âme est propre à l'homme, si les animaux, si le monde même, n'ont pas aussi une âme.

« Sur le premier point, quatre réponses ont été faites : selon les uns, l'âme et le corps agissent physiquement l'un sur l'autre (*influx physique*), ce qui est ne rien expliquer ou tomber dans une contradiction en assimilant l'âme au corps ; selon d'autres, les deux substances ne peuvent agir l'une sur l'autre. Mais il existe entre elles un médiateur que Cudworth nomme *médiateur plastique* et dont il fait un être d'une nature particulière, tandis que Descartes et Malebranche le trouvent dans Dieu même (*assistance divine*) ; selon Leibnitz, il n'y a ni action réciproque ni médiateur ; mais l'âme et le corps, comme deux horloges bien réglées qui marcheraient d'accord, se développent parallèlement, en vertu de leur nature propre et de l'impulsion qu'ils ont reçue une fois pour toutes du Créateur qui les a accouplés (*harmonie préétablie*).

« Sur le second point, les uns, distinguant plusieurs âmes, ont avec Platon assigné à chacune un siége particulier : à l'âme raisonnable, le *cerveau* ; à l'âme irascible, la *poitrine* ; à l'âme concupiscible, le *bas-ventre* ; les autres lui ont donné un siége unique, soit le cerveau tout entier, soit une partie du cer-

veau, la glande pinéale (Descartes), le corps
calleux (Peyronie), le cervelet, etc.; d'autres
enfin la disent répandue dans tout le corps
et amalgamée avec chacune de ses parties
(Plotin).

« Sur le troisième point, Platon, Origène,
etc., ont pensé que les âmes existaient antérieu-
rement, et que Dieu unit une âme à un corps au
moment de la naissance, tandis que la plupart
des théologiens enseignent que Dieu crée une
nouvelle âme pour chaque nouveau corps;
quelques-uns, approuvés en cela par Leibnitz,
croient que toutes les âmes ont existé en
germe dans le premier homme, et qu'elles se
propagent, comme les corps, par la géné-
ration.

« Sur le quatrième point, quelques philosophes, les disciples de Leucippe, de Démocrite et
d'Épicure chez les anciens, les matérialistes,
tels que d'Holbach, Lamettrie, Broussais
chez les modernes, pensent que l'âme meurt
avec le corps, ou plutôt ils ne la distinguent
pas du corps; mais la plupart des philosophes,
d'accord en cela avec les diverses religions,
ont admis qu'après la mort, l'âme recevait une
vie nouvelle dans laquelle elle était récompen-
sée ou punie selon ses œuvres.

« Sur le dernier point, les anciens, d'après

Aristote, accordaient aux animaux une *âme
sensitive* et donnaient même aux plantes une
âme végétative, réservant pour l'homme l'*âme
rationnelle* qui s'unit en lui aux deux autres ;
Descartes refuse toute âme aux bêtes et en
fait de pures machines ; Condillac restitue
une âme aux bêtes et leur accorde des facultés analogues aux nôtres, mais inférieures
et proportionnées à leur organisation. Enfin,
la plupart des philosophes anciens, Timée,
Platon, Zénon, Plotin et ses disciples donnent
au monde une âme, que les uns distinguent
de Dieu, que les autres confondent avec lui.

« Sur toutes ces questions, le plus sage serait
peut-être de dire qu'elle est hors de notre
portée (1). » — Sans doute il en est ainsi quand,
pour quelque considération, on prend pour base
un des phénomènes du complexe.

Voilà l'âme se trouvant chargée aujourd'hui
de facultés, de buts moraux, de buts politiques
et même de la méchanceté contre les animaux
dont l'homme se procure l'existence même.

Exemple : un homme est enfermé justement
ou injustement, qui en souffre ? son âme, ou
son intelligence ? sans doute son intelligence
sensible. Supposons une arme à feu lançant

(1) Extrait du *Dictionnaire universel*, M.N. Bouillet.

son projectile contre un être vivant, qui en est responsable ? l'âme, ou l'intelligence qui a combiné le fait ? sans doute l'intelligence, se repentant ou non.

C'est avec raison que certains philosophes ont considéré l'âme comme un des *sens,* ou phénomènes de l'organisme, par lesquels on connait les mondes phénoménaux ; car la respiration ou le souffle, *spiritus, anima, anemos,* ne fonctionne que machinalement comme une pendule qu'on peut arrêter d'un seul coup ; mais l'intelligence de celui qui a combiné cette pendule, de même que l'intelligence de celui qui l'a gâtée, existent toujours comme causes effectives ; l'une bonne, l'autre mauvaise.

DE LA COMBINAISON DE L'ÊTRE VIVANT AVEC LES CAUSES PREMIÈRES

1. La *psychologie* nous apprend : que « l'homme est la combinaison de l'âme ou de l'esprit avec le corps. »

Mais deux choses unies ou combinées représentent l'intelligence de celui qui les a unies ou combinées, et non pas l'âme ; donc l'homme est la combinaison de l'intelligence avec le corps, et non l'âme ; mais où est la troisième chose ? la voici : la raison de cette combinaison.

Or, l'*homme* représentant l'*intelligence* et la *raison* est le complexe de son existence ; ainsi de suite jusqu'à l'atome, en raison de structure et d'espèce (1).

L'homme étant combiné par un autre être que lui-même, il en résulte que l'intelligence et la raison n'étant pas identifiées en lui sont à part : l'une pour cause des mouvements, l'autre pour modérer ces mouvements.

La *philosophie* enseignant que « les connaissances dues à la raison sont des conceptions de l'intelligence » et non pas de l'âme ou de l'esprit, a découvert une vérité qui n'était cachée que pour mieux activer l'intelligence humaine par laquelle on prévoit même l'avenir à l'aide de la raison, car qui le lui dira ?

En vérité, on connaît même dans l'obscurité l'épaisseur, la forme et peut-être le but d'un objet ; certains animaux connaissent de loin ce que l'homme ignore de près, etc. Par-

(1) Il serait utile que les mots intelligence et raison soient adoptés dans toute langue, comme mots technique.

tout, on ne voit donc qu'intelligence et non pas d'âme; respiration existant comme la vue, l'ouïe, etc., pour que l'organisme puisse fonctionner comme conséquence du complexe.

C'est à tort que le platonisme montre que « l'âme comprend deux grandes facultés : la sensibilité et la pensée qui contiennent l'entendement et la raison ; » que Sénèque « distingue dans l'âme une partie rationnelle et une autre irrationnelle; » que Fénelon démontre que « la raison supérieure qui réside dans l'homme n'est que Dieu, » etc. Admettre deux raisons dans l'homme c'est admettre aussi deux intelligences, ou mieux les yeux noirs et bleus, le blond et le brun, etc., existant dans le même sujet pour se détruire les uns les autres et avec eux le sujet.

2. Nous avons démontré que la cause de l'alliance déductive entre la Divinité et les mondes physiques, c'est le *mouvement;* dont la clef est l'attraction et la répulsion de toute manière, jusqu'à l'intérieur de l'être vivant.

Dieu étant l'Infini absolu, la matière produite dans l'Espace général a dû être relativement infinie. De là, toute espèce de matières jusqu'à l'atome immobile dont le complexe mouvant est le globe solaire ou non, grand ou petit; de là encore, comme conséquence, que le mouvement part généralement de la réalité divine se trouvant autour de l'Espace.

Dieu se trouvant en face de la matière il lui manquait la troisième chose, pour ainsi dire, à la façon divine et matérielle; donc cette chose dut être produite relativement à ces deux natures opposées, c'est-à-dire, à la fois vraie et phénoménale. Or, Dieu ou l'Intelligence suprême -- comme la lumière solaire — dut s'affecter déductivement dans des corps de toute espèce de structure en deux sexes, pour cause de trinité : La production de ces sexes(1). De là l'apparition de l'être intelligent, de la volupté et de la progéniture jusqu'à l'atome vivant dans tout lieu et sous toute température; de là encore, l'individualité existant provisoirement tant métaphysiquement que physiquement(2). La multitude des êtres ou des complexes particuliers fait hésiter la foi d'un avenir après la mort, ou la défaite de ces complexes; mais quelle monotonie effrayante s'il n'avait existé en permanence qu'une seule

(1) L'Intelligence suprême restant séparée pendant la vie, pour cause de responsabilité et de connaissance individuelle; page 68.

(2) C'est pourquoi la matière ne peut se mouvoir qu'avec son complexe.

espèce d'êtres vivants, ou un seul globe! Une telle perfection eût été pleine d'imperfections. De là la subordination du corps et de la matière à l'intelligence : le bois, est creusé par un ver, la terre par une fourmi, etc.

3. La civilisation humaine n'est que la conséquence du complexe, car un homme brillant d'instruction périt de même que l'inculte et souvent plus vite, à cause de certaines susceptibilités ; la différence en est que l'inculte est bien moins responsable que l'autre ; de ce point de vue, l'homme cultivé ressemble à une fleur cultivée par les intelligences précédentes, l'état à un jardin.

L'*histoire* de la philosophie démontre que « l'homme doit à Dieu l'intelligence qui en fait le roi de la nature. » Pythagore dit que « l'intelligence suprême est Dieu, et l'homme une partie de l'intelligence divine. » La logique enseigne « que l'intelligence est la direction vers les connaissances. »

On voit bien que ce n'est pas l'âme ou l'esprit qui est la partie divine ; non plus la direction vers le vrai, le faux, le bien, le mal le juste, l'injuste, etc. M. de Bonald a très-bien dit que « l'homme est une intelligence servie par des organes. »

Or, l'*intelligence* ayant à sa disposition la
force exécutrice des mouvements — le corps
— est bien responsable de l'usage de cette
force et non pas l'âme ou l'esprit ; mais la
raison, ayant la force de modérer ces mouvements, n'existe que comme un rayon solaire ;
c'est-à-dire qu'elle fait partie de la divinité
en permanence, quoique surbordonnée à l'intelligence pour cause de mérite et de démérite.

Actuellement l'intelligence avec la raison
sont comme les deux sexes produisant des
choses semblables à leur nature, ainsi que la
confusion entre les producteurs et les produits ; ce sont ce qu'on appelle *facultés* et *phénomènes*.

FACULTÉS ET PHÉNOMÈNES

1. La *philosophie* attribue à l'homme une
masse de facultés, sans causes immédiates ;
« les philosophes ne sont pas d'accord sur leur
nombre ; » quelques-unes sont analysées et
synthétisées à la manière des choses matérielles, au delà du système trinitaire si écla-
tant partout ; ce qui nous entoure étant souvent invisible, il en résulte, de même que des

excès, la séparation de certaines choses de leur souche ; puis leur confusion avec d'autres qui leur ressemblaient. De là la méfiance tacite contre la philosophie et Dieu lui-même.

Examinons les causes premières de concert avec le corps mis au service de leur manifestation (1), et nous sentirons en nous-mêmes en quoi consiste les facultés :

La *raison* établissant en permanence la *conscience*, — savoir du vrai et du faux, du bien et du mal, etc., — et la *pensée* dérivant de la conscience ;

L'*intelligence* constituant en permanence la *connaissance* — mouvement intérieur produisant volontairement le vrai et le faux, le bien et le mal, etc. — et l'*idée* dérivant de la connaissance.

Le *germe animal* formant le *corps* et la *force exécutrice* des mouvements extérieurs, inspirés par leurs causes premières, mouvements contenant aussi les impressions de la vue, de l'ouïe, etc.

Le corps mortel n'étant pas identifié avec les causes premières, les facultés résultent

_____

(1) Comme les corps célestes, se trouvant au service de la manifestation de l'Intelligence et de la Raison suprêmes. La dénomination des causes premières restant la même pour les êtres vivants.

de ces causes mêmes ; aussi existe-t-il intérieurement des phénomènes plus ou moins
éloignés de ces causes, comme les lumières
produites par une lumière physique mise entre deux miroirs : le « Moi » entre l'intelligence et la raison.

Le phénomène le plus proche du «Moi»
comme être raisonnant c'est l'*équité* secondée
de la morale, pour cause d'assimilation avec
Dieu.

Le phénomène le plus proche du « Moi »
comme être intelligent, c'est la *sensibilité*
secondée de l'entendement libre de l'équité,
pour cause de mérite et de démérite.

Le phénomène le plus proche du « Moi »
comme être matériel c'est l'*instinct de conservation*, libre des deux autres phénomènes,
pour cause de l'existence du complexe de ce
« Moi. »

De là est sortie la fausse idée de l'âme, le
désaccord philosophique sur le nombre des
facultés, l'erreur frappante qui a porté à
considérer les causes premières comme facultés et l'obscurcissement des recherches; par
exemple, les sensualistes et les rationa-
listes cherchant en vain l'origine des idées.
Cependant la *philosophie* s'est approchée de
la vérité en considérant l'intelligence comme

« l'ensemble des facultés ; » mais ce rapprochement ayant l'apparence d'un hasard ne suffit pas, car un ensemble n'existe point en lui-même ; d'autre part, la philosophie considérant l'âme plus que cet ensemble, détruit cet ensemble même.

2. Les facultés ayant des rapports entre elles, il se produit des modifications dans les mouvements ; par exemple, la *connaissance*, faculté résultant de l'intelligence, forme la bonne ou la mauvaise *idée*, voilà le corps mis en mouvement pour l'exécuter, sur l'ordre pour ainsi dire de l'intelligence ; mais la *conscience*, faculté existant à cause de la raison, formant à son tour la *pensée*, le corps s'arrête comme sur le conseil d'un mentor ; c'est le mouvement de l'intelligence modéré par la raison. Cette modification qui change le moteur ou le sentiment de l'intelligence change aussi les phénomènes, ce sont des phénomènes plus éloignés : la *renonciation* au mouvement, la crainte intellectuelle, le respect ou la noblesse de caractère, la bonté, la pitié, etc., tous partant de la renonciation ; si la modification n'a pas eu lieu, c'est la *vengeance*, le courage indigne, la flatterie, la trahison, la pusillanimité, le repentir, etc.,

tous partant de la vengeance ; mais si l'*idée*
a été bonne d'elle-même, c'est l'*idéal*, l'invention, le courage fort, la tranquillité, le vrai
plaisir etc., tous partant de l'idéal. Dans tous
ces mouvements l'âme ou la respiration ne
fait qu'entretenir l'organisme d'air, élément
où le corps est produit matériellement et qui
lui occasionne les maladies naturelles.

L'abondance des mots augmente, philosophiquement, en vain, le nombre des phénomènes. Dans les phénomènes de l'intelligence
on voit le désir, la souffrance intellectuelle,
l'amour, l'orgueil, la vanité, l'impatience,
l'initiative, l'activité, etc., qui en eux-mêmes
ne sont que l'expression de la bonne ou de la
mauvaise *sensibilité* ou sentiment de l'intelligence ; on voit encore l'exercice, le dressage,
la pratique, la méditation, etc ; qui en eux-
mêmes sont l'*expérience*, comme second phénomène après la sensibilité. Dans les phénomènes de la raison on voit l'humanité, la justice, la probité, l'intégrité, la sincérité, la
vertu, la morale, etc., qui en eux-mêmes ne
sont que l'*équité* de la raison ; on voit encore
le débat, la délibération, le motif, l'argument,
le raisonnement, la réflexion, etc.; qui en eux-
mêmes sont le *jugement* comme second phénomène après l'équité.

Le mode de production des différents phénomènes ne serait autre que celui de ces lumières phénoménales, que nous avons démontré plus haut.

Les facultés nommées monde intérieur et réunies par la *philosophie* sous le nom de « facultés perceptibles, représentatives, et modificatives, » ne sont donc que les phénomènes des causes premières; le corps ayant aussi ses phénomènes nommés sens, dont les uns ont aussi plus d'importance que les autres : par exemple, la respiration, la vue et l'ouïe.

3. Facultés et phénomènes... mais la troisième chose où est-elle ? la voici, les nécessités intellectuelles; Dieu même existant nécessairement. La *volonté* libre, — *capere*, perception — appartenant à l'intelligence; la *mémoire*, à la raison; le *sommeil* au corps, et par conséquent accidentellement aux deux autres.

Exemples : Ma *volonté* est-elle libre : je suis responsable de mes actions causées par mon intelligence; ne l'est-elle pas : je ne suis pas responsable; donc, la volonté libre est une nécessité émanant de la Divinité pour cause de responsabilité. — Ma *mémoire :* je pense au passé et au présent : je me souviens, je produis, je ne pense pas : l'objet même que je tiens dans ma main tombe ; donc, la mémoire est aussi une nécessité métaphysique. — Mon *sommeil* : je dors régulièrement : mes forces se renouvellent tant physiquement que métaphysiquement, à cause du complexe ; je ne dors pas : je disparaîtrai en quelques jours, même en prenant des aliments (1).

Lorsque le corps est dérangé, l'intelligence erre ailleurs, la raison se retirant comme un rayon solaire à cause d'un nuage ; or, le sommeil est plus haut placé qu'on ne le considère ; les autres repos et la léthargie sont les phénomènes du sommeil, car les deux autres nécessités ont aussi leurs phénomènes ; par exemple, la gourmandise et d'autres excès appartenant à la volonté libre, et la frugalité, la prudence, etc., à la mémoire (2).

4. On se demande où et comment se conservent les *idées?* mais où et comment se conservent ces lumières produites par une

_____

(1) Il est à remarquer que les maladies et l'insomnie, ayant en opposition la santé coïncidant avec le repos, n'existent pas chez les êtres ne vivant pas auprès de l'homme.

(2) On se souvient en permanence du mal provenant de l'excès.

lumière physique mise entre deux miroirs?
Otez un miroir — la raison — vous verrez
une seule lumière : c'est l'intelligence comme
aliénée; éteindre la lumière du physique —
l'intelligence — vous verrez le corps : ce
n'est plus qu'un cadavre. Voilà l'importance
du système trinitaire.

Les idées se conservent indirectement entre
les causes premières, l'intelligence et la raison, c'est pourquoi elles brillent plus que
leurs causes même; directement elles se conservent entre les facultés, la connaissance et
la conscience. Les idées sont comme les êtres
qui vivent indirectement à la lumière solaire et
directement dérobés, sans cela elles périssent.

Lorsque les idées sont enveloppées avec
la conscience formée par la raison, c'est le
vrai, le calcul, la certitude, la bonne intention, etc.; lorsqu'elles ne le sont pas, c'est
le faux, la divagation, l'entêtement injuste,
la mauvaise intention, etc. Mais entre ces
deux cas, la connaissance formée par l'intelligence ne manque que tout au plus jusqu'aux
phénomènes nommés la probabilité et la pos-
sibilité formant le *doute*, à cause de l'imperfection humaine : phénomène produit par la
non-identité de l'intelligence et de la raison
avec le corps.

SOLUTIONS

1. La *philosophie* logique demande : « Comment dans l'homme l'âme spirituelle agit sur le corps et le corps sur l'âme, l'homme trouvera-t-il jamais ici-bas la solution de ce mystère? »

Mais l'instinct de conservation rapprochant l'homme des animaux, et son intelligence, accompagnée de la raison, l'élevant vers la Divinité dénoncent deux vérités opposées : l'*attraction* vers sa position primitive — la matière — — et la *répulsion* vers sa position future — l'immatérialité — voilà le secret, la clef des mouvements les plus intimes (1); mais ce secret, a un but : c'est l'application de l'une de ces deux alternatives moyennant la troisième chose, la transformation individuelle.

Ce que certains philosophes nomment l'âme contenant une partie rationnelle, une autre irrationnelle, et la raison supérieure dans le même homme, n'est que l'intelligence agis-

_____

(1) Allez quelque part, ou rentrez, la cause en est l'attraction naturelle précédée et suivie de la répulsion. Jetez un objet en l'air, la cause en est la répulsion accidentelle suivie de l'attraction naturelle; le haut et le bas, n'étant que les situations des antipodes.

sant en bien ou en mal; la logique enseigne
que « l'intelligence est la direction vers les
connaissances » et non pas l'âme ou l'esprit.

2. La *variation* produite par l'*opposé* de la
stabilité étant une vérité première, les intelligences particulières varient aussi, comme
conséquence; les unes sont supérieures, les
autres sont inférieures, de même que les
corps. De là, le phénomène nommé *expérience*, comme compensation, coïncidant avec
le degré sensible de l'être vivant; c'est le
guide général, c'est le point de départ de la
civilisation humaine, c'est l'intelligence agis-
sant pour l'existence du complexe; mais pure
de l'intelligence accidentelle, le dressage (1),
cause occasionnelle : l'expérience précédente
étant toujours la cause du progrès actuel.

C'est cette *variation*, cachée, qui cause de
l'embarras aux philosophes; par exemple, Fénelon dit: « Reste à savoir comment on connaît l'individu qui ne ressemble en rien aux
idées ; Dieu, qui me crée et qui le crée aussi,
lui donne une intelligibilité en même temps
qu'il me donne une intelligence. » On peut

_____

(1) L'intelligence rusée, par exemple, est souvent
détruite par le témoignage d'un enfant même.

ajouter que sans les moyens de dressage plus
ou moins pris, à cause de la variation, ces
prémisses sublimes n'auraient pas existé;
souvent les idées de l'homme inculte sont
meilleures que celles du savant, si elles
restent en lui cela le regarde ; la célébrité
l'ennuie.

Les facultés — faire — pouvaient-elles se
faire ou se former sans leurs causes? Non, aussi
se défont-elles de même que les phénomènes,
car finalement elles deviennent aussi des phé-
nomènes(1); mais l'intelligence reste responsable métaphysiquement dans le sens que la
science impartiale juge ses œuvres : la raison
lui dénonçait la justice et l'injustice des
mouvements, comme le manomètre la force
de a vapeur, même par anticipation (2).

La responsabilité étant donc équilibrée en
permanence et en rapport avec la valeur individuelle, il en résulte que le mérite et le
démérite deviennent irrévocables, quel que
soit le moment où l'homme disparait. Quelle
sainte équité!

(1) Voir *Conclusions.*
(2) Sans connaissance point de mouvement vers une
chose ou une action, c'est pourquoi la voix de la raison est souvent méprisée par l'intelligence.

3. Où le génie humain serait-il arrivé aujourd'hui si la responsabilité de l'homme, ainsi que ses espérances eussent été appliquées par la philosophie à la cause, et non pas à la conséquence de l'organisme (1)? L'intelligence aurait été de suite comprise avec plus de crainte de Dieu, le doute et les objections relevés contre l'âme par ceux mêmes qui la soutenaient jadis, n'auraient pas retardé le progrès sorti plutôt du nombre des siècles et du barbarisme.

La *philosophie* enseignant « que l'intelligence suprême est Dieu et l'homme une partie de l'intelligence divine, » est donc d'accord avec le progrès de la science intellectuelle ou métaphysique.

Or, l'intelligence est appelée à résider dorénavant dans l'Académie et dans l'Église comme dans l'Univers; ces édifices sublimes ne resteront plus longtemps désunis, à cause de la respiration de l'être vivant.

DES ANIMAUX

Les animaux sont doués d'intelligence et de raisonnement en rapport avec leur orga-

(1) Comme l'homme qui assumerait la responsabilité sur l'horloge, vu qu'elle marche.

nisme. Du point de vue de l'équité divine chaque animal se considère plus haut placé que l'autre, que l'homme même, qu'il fuit sans trop fuir un autre être; il croit que c'est pour lui que Dieu a créé ce qu'il voit, car il se suffit à lui-même; enfin il n'est pas enchaîné comme l'homme par une masse de nécessités artificielles qui lui occasionnent plus d'un malheur. Certains animaux campent protégés par des sentinelles; chez d'autres, les essaims ne se mettent en mouvement que précédés d'une avant-garde; l'abeille, l'araignée, etc., travaillent systématiquement; la fourmi presque invisible retient les signes de sa route pour rentrer dans sa demeure chargée de butin; l'hirondelle, après usieurs mois d'absence, revient au même nid. Certains animaux calculent avant d'attaquer leur proie, méditent leur vengeance, hésitent d'accepter ce que l'homme leur offre, d'autres font le mort; donc ils sentent plus qu'ils ne peuvent exprimer, de même que l'homme, tant le corps est esclave de l'intelligence. Quelques végétaux se ferment, s'ouvrent et se réjouissent sous l'influence de la température; on en a découvert qui dévorent des insectes.

Les philosophes qui « ont accordé le raisonnement à l'animal parce qu'il paraît quelquefois agir tout aussi bien que l'homme, et parce qu'il lui ressemble tant par ses organes que dans ses actions, » sont réfutés par d'autres ; par exemple, par Bossuet.

Nous croyons donc que l'Intelligence suprême ne s'est pas limitée à ce que l'homme croit, à cause des différents organismes et de son orgueil plus passager que lui-même.

LE RÊVE

I. La raison étant irresponsable du libre arbitre, il en résulte que l'intelligence ne se trouve que dans la tendance de l'identification avec la raison ; aussi se plaît-elle à commander, souvent libre de la voix de la raison ; ainsi donc, où est la troisième chose ? la voici : l'*imagination* de l'intelligence (1).

Or, l'*imagination*, enveloppant tous les phénomènes, produit l'*impression* et la *sensation* tant physiquement que métaphysiquement. en raison de l'organisme et des besoins de l'être. De là, les passions bonnes et les mauvaises — mouvements — dont certains philo-

(1) Sans l'intelligence intime, point d'imagination ni d'idée ; voir aussi la notice. page 5.

sophes ont inutilement désiré l'énumération;
de là, aussi la nécessité des lois nommées
positives.

Ces passions sont : l'idéal et l'assassinat,
l'orgueil et l'ivresse, la bonté et la méchanceté, le désir et l'aversion, l'amour et la
haine, l'audace et la crainte, l'espérance et le
désespoir, la flatterie et la colère, la joie
et la tristesse, etc.; d'autre part, un animal
quelconque brave la crainte, ou il ne la connaît point comme compensation de sa faiblesse (1). Entre ces deux extrémités existent
les pleurs ayant pour opposé les ris, pour évi-
ter certaines expansions.

Ces passions étant les penchants extrêmes
des êtres vivants, la raison et le raisonnement
durent exister pour chaque être, afin de modérer ses mauvais désirs.

La valeur intrinsèque d'une action humaine est donc la valeur de l'imagination,
aussi des symptômes métaphysiques annon-
cent-ils la récompense ou la punition des actions hors celles provenant de l'instinct de
conservation; ces symptômes sont les rêves.

1) Par exemple, un insecte marche près des pieds
d'un animal, mais un autre le fuit, aussi sont-ils pour-
vus en conséquence; peut-être qu'ils ne sentent pas la
douleur même quand ils sont écrasés.

2. Pouvons-nous nous empêcher de mentionner que l'homme voit quelquefois des choses merveilleuses qui jouent et se changent devant lui, tant dans l'obscurité qu'à la lumière? Non, car quelle que soit la cause de leur production, elles y dénoncent un monde; ce sont, pour ainsi dire, comme les fleurs ou les végétaux qui démontrent en silence la fertilité d'un terrain. O Dieu tout-puissant! sont-ce là les phénomènes d'un monde invisible, comme les phénomènes du soleil couchant?

L'homme dans l'état de sommeil se trouve dans un monde où il est même actif, quel que soit l'état de son corps, il se demande plus d'une fois s'il ne rève pas, il est persuadé du contraire; il y rève même ayant des relations avec des êtres auxquels il n'a jamais pensé, il plane dans les airs, etc. En se réveillant, il est quelquefois attristé de se trouver hors du sublime et du plaisir qu'il y goûtait mieux que jadis, mais souvent il est effrayé de ce qui s'y passe; il arrive qu'on ne s'éveille plus.

Que signifient ces symptômes annonçant une situation future? Plus le corps est dérangé plus l'intelligence abandonne sa demeure ayant la connaissance individuelle, comme s'il lui tardait de l'abandonner.

Or, l'intelligence du moribond par maladie ou accident reste successivement ou immédiatement dans un tel monde, en ayant la conscience en règle, sorte d'héritage qui lui est laissé par la raison déjà retirée à sa source. Mais le corps reste dans l'état que donne le repos après la fatigue, jusqu'à ce qu'il s'efface par la production des êtres originaires à lui, ou étant dévoré par d'autres êtres (1); cela s'explique aussi par le fait que la vieillesse conduit toujours vers le repos et courbe souvent le corps vers la terre.

Nous avons vu que la *raison* produit la *conscience*, savoir, et la *pensée;* mais l'*intelligence* produit la *connaissance*, mouvement, et l'*idée*; donc la pensée et l'idée sont pour ainsi dire associées pour des causes terrestres, mais la conscience et la connaissance croisent l'intelligence pour des causes non terrestres.

Donc l'Infini contient nécessairement deux mondes complémentaires, formant trois mondes avec le nôtre, pour cause d'induire l'in-

(1) L'avarie des cadavres pour l'embaumement fait partie de la science barbare, comme l'escroquerie, le duel, etc., ces cadavres deviennent inutiles pour quelque temps; mais leur destin est de pourrir ou d'être brûlés; voir aussi la note 1, page 9.

telligence à l'apogée général moyennant
une sorte de purification.

3. Les êtres vivants, existant d'abord fu-
sionnés ou invisibles dans des germes animaux comme les végétaux dans la terre, comme
les eaux dans l'oxygène et l'hydrogène,
comme la chaleur dans la lumière et le combustible, comme les gaz qui passent à l'état
liquide ou solide lorsqu'on les expose à l'action d'une forte pression ou d'un grand
froid, etc.; les êtres vivants sont donc con-
duits à l'assurance suivante :

Comme les choses visibles existent parce
qu'elles sont alliées avec les choses invisibles,
de même les deux mondes complémentaires
existent étant alliés avec le nôtre.

Voilà pourquoi le rêve se fait jour, pendant
que le complexe de l'être vivant est inactif,
dort; le sommeil sans rêve, est comme l'intervalle parmi certaines actions.

Les rêves déréglés, par exemple la repro-
duction de la pensée, de même que les hallu-
cinations, ne sont pour ainsi dire que des mys-
tifications équitables; d'un côté un avenir
nous est révélé afin qu'on ne l'ignore pas complétement, et de l'autre on est mystifié pour
être libre de l'incommodité que donne un

avertissement. Si l'on savait positivement l'existence de ces mondes complémentaires, on n'existerait que pour les soucis futurs; donc les plaisirs du monde habité actuellement pour une durée si courte devaient être goûtés sous la voix de la raison.

C'est à tort que la philosophie considère le rêve comme « aberration d'esprit et absurdité. » D'après cela, le sommeil, la respiration, l'homme, Dieu même, seraient des absurdités produisant des absurdités? Le rien, n'ayant pas de propriété, ne produit rien.

4. Le « Moi » se demande pourquoi il ne pourrait aller lui-même visiter un tel monde pour s'assurer de son existence, ou en recevoir la confirmation.

Le « Moi » étant le complexe de son être comme chose actuelle, comment cette chose pourrait-elle exister en deux endroits à la fois? Or, il lui faut l'annihilation du complexe; à peine le sommeil l'a-t-il un peu produit que voilà l'intelligence errant ailleurs, que sera-ce donc quand cette annihilation sera complète? Certes, l'intelligence passera individuellement dans un monde réel considérant le nôtre non réel.

Les personnes revenues de léthargie ren-
trent avec étonnement dans notre monde où
n'ayant pas cessé de vivre elles font, pour ainsi
dire, une nouvelle apparition ; mais en renouant
immédiatement le fil momentanément inter-
rompu de l'existence terrestre, de même qu'on
oublie un rêve, elles perdent le souvenir de ce
qu'elles ont vu ; si donc par ceux-ci une révé-
lation positive était possible, dès lors le libre
arbitre qui constitue le mérite et le démérite
n'existerait pas, la conduite particulière eût
été tracée d'avance.

Pour en recevoir la confirmation, l'organisme précédent ne pourrait en être témoin.
Pourquoi un monarque par exemple, ne vient-
il pas parmi les autres hommes pour leur in-
diquer leurs devoirs mêmes ? Pourtant il le
pourrait, étant matériel.

LA VIE ET LA MORT

La perfection d'un être vivant, de même
que celle d'un globe qui se meut dans son espace, n'existe que dans la réalité du complexe
produisant ; c'est sa qualité actuelle, tant
physique que métaphysique.

La *qualité* terrestre, moyennant le soleil,

c'est la *combinaison* et l'*annihilation* du complexe ; cela est établi par le fait que notre globe est mis à la disposition exploitable de tout être vivant, pour paraître, s'entretenir et disparaître, comme un passager.

Dieu ayant créé les choses dans un but défini, c'est l'annihilation qui conduit à l'apogée et non la combinaison ; c'est un procédé inverse provenant de ce qui suit (1).

Par la *combinaison* du complexe, l'être reçoit au moment de sa naissance une étincelle divine, abdication provisoire de l'Intelligence suprême ou Dieu existant partout dans le même moment, pour cause de *connaissance* individuelle ; car il est évident que Dieu, après avoir donné la réalité et le mouvement aux globes, ne pouvait exister sans la troisième chose contre sa trinité.

Par l'*annihilation* du complexe, l'intelligence de l'être trépassé reste métaphysiquement avec la connaissance individuelle, pour cause de *responsabilité* individuelle ; car la manifestation divine ne pouvait être séparée de l'équité.

De là, l'éternel précepte inné dans l'homme :

_____

(1) C'est pourquoi .'on voit aussi certaines choses au rebours.

« Ne fais pas à un autre ce que tu ne veux pas qu'on te fasse. »

Sans ces opérations, la connaissance individuelle ainsi que la responsabilité auraient fait défaut; les hommes qui, relativement à leur faiblesse physique, s'agitent plus que le globe même auraient existé à la manière des autres êtres vivants ou point du tout.

De ce qui précède, il résulte que la vie est comme le temps où l'on rêve, la mort étant l'image du rêve; cela s'explique encore par le fait que, dans le rêve, l'homme sent la douleur, le plaisir, le goût, entend et comprend les paroles, répond, etc., comme s'il était dans le monde actuel.

Si la vie nous paraît agréable, c'est parce qu'on n'en connaît pas positivement une autre et parce qu'elle est courte; si la mort est détestée, c'est parce qu'elle est éternelle pour ceux qui restent et non pour les autres; on voit bien que la mort retombe tacitement à la charge de ceux qui restent, comme la vie, la fatigue, la joie, la tristesse, etc. De là, la supposition du néant et l'apparition des matérialistes ou panthéistes, combattant les métaphysiciens.

Immortel? le désespoir s'emparerait de

l'homme; ne pouvant quitter la vie quand il lui plairait, non-seulement il se croirait enchaîné, mais la vie étant éternelle serait pour lui la mort. Soumettez un homme à une diète sévère il sera désespéré, bien qu'elle ait pour raison son existence; mais quoique sa vie soit bien courte il recourra volontairement au suicide, pour ne pas en attendre la fin.

L'incrédulité à une vie nouvelle provient de la réalité actuelle du complexe; aujourd'hui domine la matière, demain dominera l'immatérialité; cette différence équitable provient de ce que les intelligences provenant provisoirement de l'Intelligence suprême, pour ainsi dire comme les sources de leur Océan, devaient avoir leurs connaissances et leurs responsabilités particulières après la destruction du complexe.

Or, la vie et la mort n'existent que comme expédients; c'est-à-dire l'*intervalle*, entre la déduction et l'induction divine par lequel la chose divisée reçoit sa réalité particulière, *cesse : la chose* étant prise pour retourner à sa source; en outre, il leur manque ici-bas la troisième chose, donc :

Le résultat de la *vie et de la mort*, produit ce qu'on appelle la *vie future*.

Mais la vie future n'est pas non plus éter-

nelle, car les intelligences particulières ne
restent pas stationnaires jusqu'à l'Intelligence
suprème (1); cette vie, composant les mondes
complémentaires, ne pouvait donc être aver-
tie que par ce qu'on appelle le rève; une fois
arrivé dans un tel monde, on aura des connaissances efficaces pour en connaitre un
autre; car la matière de l'être vivant, matière
empêchant cette connaissance, sera dégagée
de la combinaison de cet être pour pouvoir
aussi revenir à sa source.

C'est avec raison que Xénophane et d'autres philosophes, « n'accordèrent d'existence
véritable qu'au monde intellectuel ou métaphysique. »

DES CONNAISSANCES INDIVIDUELLES

1. La connaissance précédente du « Moi »
n'existe pas à cause du premier début de l'intelligence humaine sur la Terre (2), et du
chaos des hiérarchies secrètes des êtres vivants d'où l'homme est sorti matériellement ;
si cette connaissance lui eût été révélée, son

_____

(1) Cela s'explique même par l'inconstance du progrès matériel.
(2) Voir _Réalité_, 4.

existence aurait été plus triste que celle de l'homme que la honte force à cacher son passé; souvent l'ignorance ayant auprès d'elle *l'oubli*, phénomène si utile même après la mort, est un bonheur (1).

La connaissance future du « Moi » existe car elle tend vers la perfection de l'avenir et non vers l'imperfection du passé, c'est pourquoi les œuvres humaines poursuivent aussi leur route dans ce sens; si cette connaissance eût existé positivement une perturbation générale aurait pris la place de l'activité humaine; tel homme s'ôterait la vie dans l'impatience d'arriver à une position meilleure, à tel autre sa conscience ménagerait une position effrayante.

2. Certains philosophes, partisans de la métempsycose, « interdirent à leurs disciples l'usage de la viande et des fèves, aliments qu'ils prétendaient formés de la même matière que l'homme. » Cette défense n'était pas nécessaire, car la même matière existe primitivement dans chaque chair, légume, fruit, boisson même; cela est aussi évident que leur application jusqu'à la gourmandise,

(1 Voir *Conclusion*, vers la fin.

autrement la nourriture eût été inconnue sur
notre globe et les végétaux produisant des êtres
vivants n'eussent pas existé.

La métempsycose, étant basée sur l'âme,
n'existe pas plus que le paradis et l'enfer.

Remarquez, je vous prie, jusqu'où vont les
connaissances individuelles à cause de l'avenir.
Un insecte quelconque veut à tout prix être
brûlé dans la première flamme qu'il est
charmé de rencontrer, à cause de ce qu'il
croit métaphysiquement ; car il ne peut pas,
comme l'homme, s'ôter la vie quand il le veut,
pour cause de souffrances artificielles (1);
une teigne cherchant le drap provenant d'un
être vivant ou trépassé et non pas la toile
provenant du végétal, d'où elle est provenue
primitivement, considère nos habits comme
cadavres pour s'y entretenir; même l'être
vivant paraît être considéré ainsi par certains
insectes.

3. La métamorphose jusque chez les êtres

(1) Brûler les cadavres humains est aussi naturel
que de les faire rôtir, bouillir ou les manger tout
vivants; cela ramène plus vite la matière à sa source
immatérielle; mais les cendres, valeur matérielle, de-
vraient être dispersées pour produire quelque chose
par leur amalgame avec la terre.

vivants s'entretenant sur un être vivant pour
marcher sur le globe dès que le complexe de
cet être sera détruit, ainsi que la nécessité de
la disparition jusque chez les atomes absorbés
par d'autres êtres à peine apparus dans le
chaos animal sur les végétaux, dénonce donc
l'avenir purificatif moyennant les mondes
complémentaires.

Quant aux disparitions régulières et acci-
dentelles, les avortements, la stérilité et les
germes animaux gâtés dans les rêves, représentent l'incompatibilité des êtres en ques-
tion : les uns avec le monde où ils se trou-
vaient, les autres parce qu'ils tendaient à
paraître contre la forme actuelle. Le germe
gâté par la débauche, étouffant l'être avant sa
naissance, coïncide métaphysiquement avec
l'assassinat. Par opposition à la première
époque ce germe contient l'immatérialité
individuelle, vu que l'Intelligence suprême
existe partout.

La manifestation divine pour cause d'équité
ne pouvant se limiter dans la stabilité des
êtres du passé, en dépit de ceux d'aujourd'hui
et de l'avenir; le néant n'existe que pour
anéantir les combinaisons précédentes pour
cause de progression vers l'apogée général,
commençant par le déclin de l'apogée particu-

lier; ce déclin secret produit cette connaissance anticipée qu'a l'individu de sa disparition, à tout âge ; par exemple la disparition
d'une personne, que tous croyaient vivre plus
longtemps ; voilà le déclin commençant mys-
térieusement dès l'apparition de l'individu, à
qui il est à peine permis de vieillir; c'est-
à-dire d'être éprouvé par la Providence, et
méprisé par le monde.

La mort « douce pour la patrie » doit-être
considérée plus douce lorsqu'elle arrive pour
soi-même ; ce but final terrestre plus vite
atteint, à cause d'une compensation secrète,
est donc un bonheur ; aussi le néant, désespoir momentané, n'est-il qu'une équité.

Nous croyons que l'apparition et la disparition individuelle est en relation mystérieuse
avec les phases de notre satellite, vu qu'il apparaît et disparaît périodiquement, comme
un expédient, tantôt pour un hémisphère,
tantôt pour l'autre; si notre globe avait
possédé plus d'un satellite, comme d'autres,
la vie individuelle serait autre que celle d'à
présent ; de plus, les habitants de la Lune
sont peut-être induits à croire que la terre
est leur satellite et même qu'elle est inha-
bitée. Nous croyons encore que la révolution terrestre occasionnée par la distance

solaire est hors de cette observation ; vu l'existence des êtres vivants sous toute température, et la non-existence des phases solaires.
Le maintien des races c'est l'existence des
individus, comme l'addition, l'existence des
unités.

LA FATALITÉ

1. La fatalité tirée de quelques conjectures,
d'après la routine philosophique, n'existe
point; car n'étant que la règle de la rotation d'un
globe, l'opposé lui manque ; par exemple si l'on
dit : Demain arrive fatalement tel bonheur au
lieu de tel malheur, cela revient à ne rien dire.
Mais positivement elle s'explique de la manière
suivante :

La civilisation multipliant les besoins de
l'homme celui-ci est devenu accidentellement
rusé, surtout quand les moyens lui font défaut;
aussi suppose-t-il les autres en conséquence.
De là ce que nous appelons : intrigue, trompe-
rie, insatiabilité de la fortune, discorde dans
l'existence même, l'ambition, la guerre, etc.

Il y a des hommes qui préféreraient périr,
que de ne pas accumuler des richesses; il y
en a qui, par vanité, blâment leur célébrité;

le luxe mal placé amène souvent le manque à l'honneur, la ruine, puis le suicide.

Dans l'antiquité on allait jusqu'à tuer légalement son enfant, cela s'appelait en quelques occasions vertu.

Lorsque la conservation est en cause, cela est naturel et explique les variétés de force des êtres vivants : mais l'homme doué de la raison et des moyens de se suffire à lui-même détruisant par l'assassinat, le duel et la guerre, ses semblables ainsi que des œuvres séculaires, la fatalité n'est-elle pas l'homme même ?

Ne vaudrait-il pas mieux que l'homme fît preuve de son intelligence en admirant la Divinité, après avoir fini honnêtement son travail ?

Où est la prescience, la Divinité à laquelle il s'assimile et dont il désespère sans désespérer des êtres qu'il détruit ? la voici : la mort l'envoyant dans un autre monde, l'intelligence et le corps divorçant, pour ainsi dire, s'en retournent d'où ils sont venus; la production, qui manifestait l'alliance de l'immatérialité avec la matière, cesse; c'est la troisième et dernière époque divine, pour le bien de tout être vivant (1).

_____

(1) Toute autre époque n'est qu'une action ou révolution, vu qu'elle est sujette au renouvellement.

2. Les hommes qui disparaissent dès leur
naissance, ou peu de temps après, n'étaient-
ils pas formés des mêmes combinaisons que
les hommes vivants? S'ils l'étaient, pourquoi
n'ont-ils pas vécu? S'ils ne l'étaient pas, pourquoi étaient ils combinés?

Une fois l'homme développé, pourquoi est-il
détruit par le moindre hasard? un insecte
venimeux. une pierre qui tombe, un végétal
vénéneux, etc., sont autant de causes de sa
destruction à son tour. Pourquoi vit-il moins
que certains animaux, auxquels dans son orgueil il refuse une âme?

Toutes ces questions démontrent que
l'homme, sauf son intelligence et sa raison,
n'est point une exception parmi les autres
êtres ; hors ses mauvais penchants, se croyant
innocent, il cherche son avenir à cause de
son intelligence et sa raison ; un homme apprend par la science ce qui est révélé à un
autre par son intelligence naturelle; « la
mort conduit à une vie future en rapport
avec le mérite. » De là, l'espérance intellectuelle poussée jusqu'au fanatisme, puis la
diversité des religions.

Mais la *variation* étant une vérité première,
le combat scientifique s'engage entre les matérialistes et les métaphysiciens, mais ils

combattent souvent sans espoir de vaincre ;
car de même que les matérialistes ont des
liaisons tacites avec leur conscience, de même
les autres en ont avec leur instinct de conservation ; mais sans le système trinitaire,
ils combattront inutilement jusqu'à la fin du
monde.

Ce qui est surprenant, c'est que l'équité réside plutôt chez les êtres incultes ; il en est
comme de la fleur primitive qui se maintient
plus longtemps sans cette culture qui la gâte
après l'avoir rendue sublime.

Ces évidences, comme toutes les autres, ne
peuvent rester isolées de leurs conséquences
prochaines.

L'orgueil de l'homme, pour ainsi dire
comme celui des anges déchus, ayant atteint
l'apogée, qu'aurait-il causé à l'homme si
l'homme eût été combiné avec une plus
grande intelligence et un physique en conséquence ? Sans doute, une fatalité plus efficace.

3. **Les hommes qui disparaissent dès leur
naissance, ou peu de temps après, eussent
donc été les plus nuisibles aux autres dans
leur sphère.**

**La Divinité permettant que de temps en
temps se montrent quelques hommes fatals**

aux autres, ce n'est que pour punir une partie des mauvaises actions destinées secrètement à être punies généralement ici-bas même ; la *récompense* et la *punition* étant des vérités premières attachées à l'homme (1). Que signifient les raisons alléguées par ces hommes en face de millions d'autres pour aboutir aux massacres des révolutions et des guerres, si ce n'est cette punition presque périodique ?

Nous ferons encore observer une chose. Dans l'antiquité malgré les invasions nécessitées par le besoin de vivre, et les guerres presque continuelles, le progrès militaire ne faisait pas autant de victimes qu'aujourd'hui. Il nous semble que la cause secrète est celle-ci : dans l'antiquité on tuait peu d'êtres vivants pour le besoin de vivre, tandis qu'aujourd'hui c'est le contraire ; c'est une compensation divine, pour rétablir l'équilibre ; d'ailleurs, l'inconnu qui enveloppe la vie future nous attachant éperdument à la vie actuelle, [le suicide justifie avec surprise cette *punition* ou fatalité ; autrement l'existence de ces fléaux, hors le besoin de vivre serait inexplicable (2).

(1) Voir *De la réalité particulière*, 1.

(2) Aussi dit-on que les enfants doivent expier les

CONCLUSIONS

La responsabilité n'appartient qu'à l'intelligence humaine car il n'y a qu'elle le plus proche de l'Intelligence suprême et de l'attribut divin, l'équité ; la raison faisant partie en permanence de la divinité comme un rayon, elle se retire à sa source dès la destruction du complexe.

La volonté étant libre pour cause de mérite et de démérite, et l'intelligence étant souvent en contradiction avec la raison, il en résulte qu'il y a plus de démérite ; aussi les deux mondes complémentaires existent-ils pour cause de purification tant physique que métaphysique, purification ramenant ensuite aussi l'intelligence à sa source pure de toute intelligence accidentelle.

L'Intelligence suprême ayant réglé d'avance toutes choses est hors d'objection, l'intelligence particulière connaît donc par anticipation son avenir.

mauvaises actions de leurs aïeux même, pour être soulagés là où ils existent ; ce noble devoir coïncide avec le bien fait tacitement pour soi-même, d'ailleurs, une personne n'est que l'effet de l'autre.

1. L'intelligence de l'homme *inique* (1) serait envoyée provisoirement dans le chaos animal, d'où le corps est sorti ; l'attraction de l'homme vers son origine matérielle moyennant l'instinct de conservation, comme tout animal, est une justification intime; c'est ce qui a peut-être inspiré la métempsycose. Qui sait combien d'animaux existant ainsi, parmi les autres, nous regardent et voient ce que l'homme ne peut voir dans son état actuel; mais l'expression est généralement enlevée pour le maintien du mérite et du démérite. Le rêve nous procure quelquefois des rapports humains avec des animaux, qui avaient alors la forme de l'homme sans s'en étonner.

2. L'intelligence de l'homme se trouvant entre l'*iniquité* et l'*équité* passerait provisoirement dans un monde coïncidant pour ainsi dire avec le rêve, symptôme qui le justifie assez ; les intelligences des autres êtres, de même que celles purifiées par envoi, passeraient directement dans ce monde complémentaire. Qui sait combien d'êtres nous regardent d'en haut? mais l'organisme précédent leur manquant, pour

(1) Matériellement et immatériellement, la cause étant toujours l'intelligence et jamais la raison.

cause d'induction à l'apogée général, ils ne peuvent se faire voir et entendre qu'au moyen du sommeil créé pour cette raison.

La purification est encore justifiée par le fait que le sommeil est jusqu'à un certain point l'image de la mort et la mort l'image du sommeil, existant comme l'ombre accidentelle et non accidentelle, comme par symétrie. La mission du sommeil étant de renforcer ou de purifier le corps des faiblesses précédentes, il en résulte que son image a aussi une pareille mission; mais seulement pour l'intelligence, vu qu'il n'appartient pas à la mort de conserver la réalité du complexe. On voit donc que la mort étant un expédient vers l'un des deux mondes complémentaires, elle y devient une vie nouvelle, comme le réveil après le sommeil, pour cause de purification.

3. L'intelligence de l'homme *équitable* de même que les intelligences purifiées s'incorporeraient donc immédiatement avec l'Intelligence suprême, comme les sources de toute espèce avec leur Océan qui, pour cela, ne s'agrandit ni ne s'amoindrit comme elles, ou s'incorporent après avoir passé graduellement aussi dans les autres mondes, comme avan-

cement vers la Divinité, dans une direction achevant chaque univers avec le même attribut: l'équité.

Nous croyons que la conscience et la connaissance individuelle sont précises dans les mondes complémentaires, et qu'elles s'effacent ensuite dans le sens de ces actions solaires qui s'effacent au fur et à mesure que le soleil — l'être vivant — se rend pour ainsi dire chez lui; car cette conscience et cette connaissance ayant à côté d'elles l'oubli des positions précédentes, comme ici-bas même, ne sont finalement que des phénomènes à cause de la disparition de la responsabilité; aussi l'intelligence de l'être vivant pouvant s'identifier avec Dieu, l'imperfection cesse; car jusque-là, ce n'est que les états de la perfectibilité ou progression (1).

(1) Voir *De la réalité particulière*, 1.

CONCLUSIONS GÉNÉRALES

1. *Dieu* et les *globes*, produisant les *êtres intelligents*, donc l'extrémité est formée des êtres vivants, opérant une marche circulaire pour monter nécessairement à l'autre extrémité. Or, l'apogée particulier d'un globe — la matière — s'opérant dans cette circonférence sans pouvoir en sortir, c'est-à-dire de l'Espace, existerait là où se rencontre l'ex-atome avec l'ex-soleil; mais l'apogée de l'être vivant — l'intelligence — s'opérant sur la ligne de cette circonférence, c'est-à-dire à l'infini du tour de l'Espace, existerait là où se touchent les deux extrémités.

L'apogée particulier des êtres intelligents, pendant la vie, n'est qu'accidentel à cause de la combinaison de l'intelligence avec la matière; c'est pourquoi il apparaît, croît et décline même, au fur et à mesure que la raison l'éclaire ou se retire, dans un temps sans comparaison plus court que les œuvres qu'il laisse ; sa petite durée terrestre est donc compensée.

2. Quand l'être vivant disparaît, les limites matérielles de ses espaces ou cavités intérieures qui lui constituaient une propriété de son être, disparaissent aussi par leur amalgame avec la Terre (1).

Ainsi l'intelligence délivrée du corps par lequel elle représentait et manifestait l'Intelligence suprême reste incorporée d'elle-même avec l'Espace général, cette propriété de Dieu ; aussi se voit-elle immédiatement placée dans un autre monde jusqu'à son incorporation avec la réalité divine, sa source. Cette vue est justifiée par celle que, dans le rêve, le coup d'un assassin ou du suicide, par exemple, rejette le rêveur immédiatement dans le monde réel ayant la connaissance de cet accident, comme avertissement pour l'homme d'ici-bas.

3. Finalement tout corps devient immatériel par le détachement des atomes qui le composaient si phénoménalement, et, consé-

_____

(1) Même les globes ont de pareilles propriétés, pour l'équilibre des éléments.

quemment par la destruction de chaque atome;
c'est comme une ligne droite, ou non, qui
n'existe que par l'insertion ou par le ramas
des points qui jusque-là n'existaient nulle
part qu'intellectuellement; de même que le
point de départ du rayon de l'Infini, cause de
tout point ou atome, de même que Dieu.

L'Infini physique n'étant que le phénomène
ou la production de l'Infini métaphysique,
c'est-à-dire l'éternité de l'apparition et de la
disparition des corps de toutes espèces et en
tout sens, a dû occasionner la divergence des
croyances philosophiques: les unes identifiant
la matière avec Dieu, d'autres dépouillant la
métaphysique de sa partie physique, d'autres
ne croyant à rien, etc. Que les intelligences
humaines se rallient au système trinitaire,
leur souche, pour découvrir ce qu'elles ne
découvriront jamais étant désunies.

MANIÈRE DE RÉFLÉCHIR SUR L'APOGÉE DES CHOSES

Pour voir une chose connue devenant inconnue et d'inconnue arrivant au connu sublime,
par son annihilation même, il faut se considérer ce qu'on a été : moins qu'un noyau,
qu'un atome même; c'est ainsi que l'actua-

lité ou la réalité d'une chose, d'un être vivant, d'une maladie, d'un globe, d'un mouvement, d'un cataclysme, etc,. n'est qu'un symptôme plus ou moins développé pour cause des progressions ou positions nouvelles, tandis que l'avenir est la sanction de ces positions ou progressions nouvelles ; c'est la seule manière de voir, par son propre miroir intellectuel, le chemin vers la Divinité.

DE LA CRITIQUE

Qu'une observation soit nouvelle il faut l'accomplir hors de ce qu'on en a dit, de là les rumeurs ; mais que faire, ainsi est la loi du progrès ; autrement rien de nouveau, ni de sublime.

Les anciens ne s'intimidaient point, même de la juste critique ; aussi le progrès dut progresser lui-même et son phénomène, le progrès matériel qui nous étonne, doit éclater comme toute conséquence plus que la cause qui le produit tranquillement.

FIN

TABLE DES MATIÈRES

DIVINITÉ

Pages.

De l'existence des choses. 5
Du commencement de la matière. 7
De la réalité particulière. 10

L'INFINI PHYSIQUE

De l'apparition actuelle des globes 15
De la disparition actuelle des globes. . . . 18
Conclusion 22

DE NOTRE MONDE

Les rapports de la Terre 23
Des aérolithes 24
Du non-équilibre 27
Du commencement matériel des êtres vivants. 32

L'INFINI MÉTAPHYSIQUE

L'âme 38
De la combinaison de l'être vivant avec les causes
    premières 43
Facultés et phénomènes 48
Solutions 56
Des animaux 59
Le rêve 61
La vie et la mort 67
Des connaissances individuelles 71
La fatalité 76
Conclusion 81

CONCLUSION GÉNÉRALE

85

Manière de réfléchir sur l'apogée des choses.. 87
De la critique 88

245.77. — BOULOGNE (SEINE). — IMPRIMERIE JULES BOYER.

PRIX : 1 fr. 50.

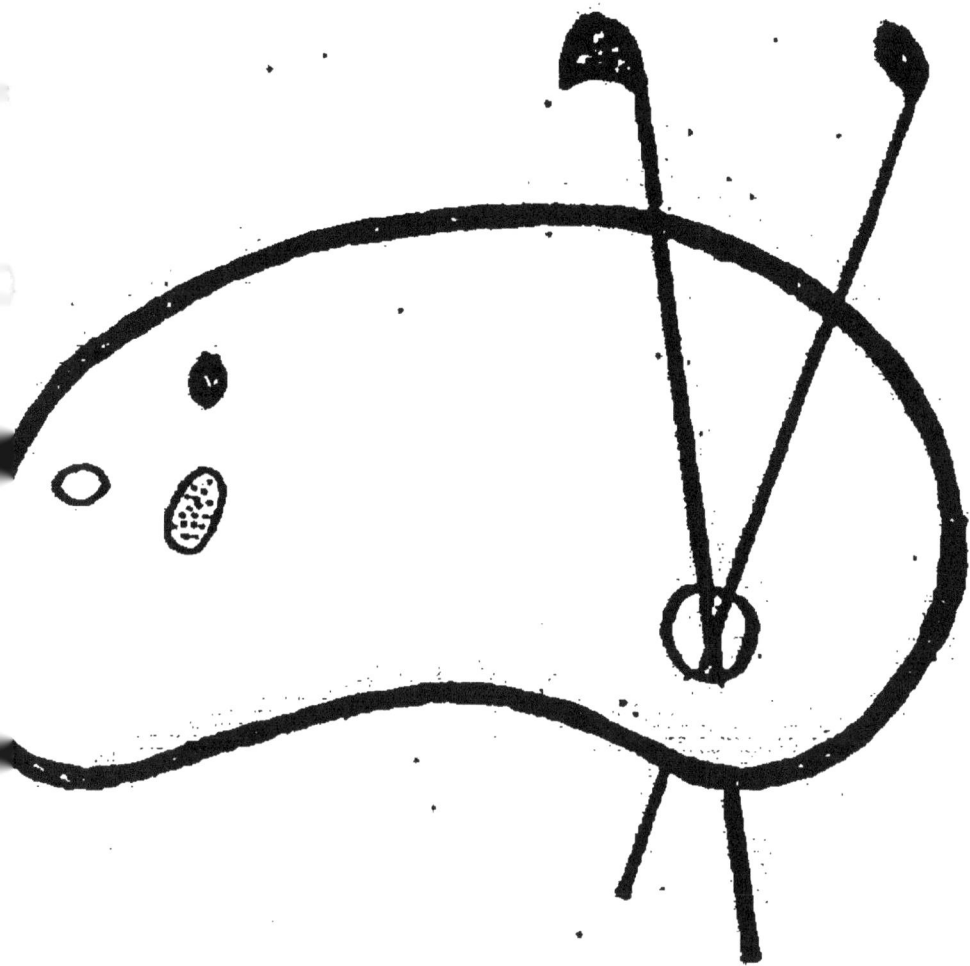

ORIGINAL EN COULEUR
NF Z 43-120-8

.

www.ingramcontent.com/pod-product-compliance
Lightning Source LLC
Chambersburg PA
CBHW060638100426
42744CB00008B/1678